晚清工业化与近代中国文化变迁研究（编号：14BKS044）

2014年国家社会科学基金一般项目

晚清工业化与
近代中国文化变迁研究

宋 正 著

人民出版社

目　录

序　言

　　文化决定一个国家、一个民族、一个组织在世界上的成败得失。文化的创立与发展离不开生产力的发展与变革,文化的传承与发展同样离不开生产力的发展与变革。近代中国文化更多的、更主要的是在先进生产力发展基础上对中国传统文化的创造性发展。新中国成立后,随着中国的快速发展,对中国传统文化进行创造性的发展已成为必然。

一、时代呼唤:中国传统文化需要创新性发展

　　习近平总书记历来重视中国传统文化,党的十八大以来,习近平总书记围绕如何对待中国传统文化问题,进行了一系列的论述。2014 年 2 月 24 日,他在主持十八届中央政治局第十三次集体学习时指出,弘扬中华优秀传统文化,"要处理好继承和创造性发展的关系,重点做好创造性转化和创新性发展"①。中国传统文化的创新性发展是时代发展的必然选择。

　　纵观中国近现代史,中国传统文化的创新性发展有两个时间节点。一个是 1840 年,另一个是 1978 年。1840 年鸦片战争,中国战败,有识之士开始思考如何促进中国传统文化的创新性发展这一问题,并提出"师夷长技以制夷"

---

① 《习近平谈治国理政》,外文出版社 2014 年版,第 164 页。

的主张。晚清时期的洋务运动使这一问题被首次公开讨论,其标志事件就是"中体西用"之争,其起因是洋务派创办的军事工业、民用工业对中国传统文化的冲击。从洋务运动到清朝灭亡,历经50年的晚清工业化,推动了中国传统文化的创造性发展,也可以被称为近代中国文化变迁的主流。

晚清工业化尽管没有达到实现富强的目标,但它却开启了对中国传统文化创造性发展之路,为实现中华民族伟大复兴的中国梦做出了一定的思想和理论准备。

1978年是中国历史发展坐标系上无法绕过的重要节点。这一年中国开始了改革开放,中国共产党领导中国人民顺应历史发展潮流,开始走上了新的工业化发展道路。经过40多年的不懈努力,中国工业化取得了举世瞩目的成就,中国的综合国力进入世界前列。在中国综合国力不断提高、中华民族伟大复兴的中国梦越来越近的情况下,中国传统文化如何与时俱进,实现创造性发展,进而成为国家软实力的重要基础,是迫切需要回答的理论问题。

要解决中国传统文化创造性发展,面临着诸多问题,其中最为重要的问题就是:由谁解读? 解读给谁? 怎样解读? 晚清时期的工业化也面临对中国传统文化的创新性发展的问题,晚清人士又是如何创新性发展的? 其经验和教训是什么? 以此为鉴,确立并走好我们今天的中国传统文化创新性发展之路,是本书研究的出发点和落脚点。

二、借鉴与启迪:中国传统文化在 晚清的创新性发展的意义

马克思指出:人们按照自己的物质生产的发展建立相应的社会关系,正是这些人又按照自己的社会关系创造了相应的原理、观念和范畴。[①] 随着生产

---

① 《马克思恩格斯选集》(第1卷),人民出版社1972年版,第108页。

力的发展,文化也在不断地发展,所以,文化变迁是一个持续进行的过程,表现为阶段性和持续性的统一。近代中国文化是建立在先进生产力基础之上的,在中国,当先进生产力的发展还处在追赶西方先进水平时,近代中国文化变迁就还远远没有结束。近代中国文化变迁研究是一个具有深厚学术价值的课题,吸引了众多学者和社会各界的广泛关注,但对此问题至今尚无人从经济发展角度进行深入系统的研究。本书即以工业化为视角,系统地探讨了晚清时期工业化与近代中国文化变迁的互动关系问题,这将进一步丰富近代中国文化变迁的理论成果。

文化变迁的基础是生产方式的变迁,近代中国文化变迁取决于近代中国生产方式的变迁,而近代中国生产方式的变迁主要表现为近代中国工业化的持续发展。中国工业化开始于晚清时期,晚清工业化如何决定着文化变迁的性质和速率?近代中国文化变迁又对晚清工业化具有怎样的影响?它是否为工业化的持续发展制造或提供了思想前提?对这些问题的解答和诠释,对我国当下正在进行的工业化具有借鉴意义,而这正是本书研究的实践意义之一。

近代中国文化变迁就是在工业化条件下,中国传统文化的创造性发展。晚清工业化对中国传统文化进行了哪些创造性发展?这些创造性发展对中国有何影响?对这些问题的研究,对当下中国传统文化创新性发展,具有很强的借鉴意义,这是本书研究的实践意义之二。

三、演进脉络:中国传统文化在晚清创新性发展的历程

本书以历史时间及重大事件为序,将晚清工业化划分为三个阶段,即洋务运动时期(1861—1895 年)、戊戌变法时期(1895　1900 年)和清末新政时期(1901—1911 年)。马克思认为:"物质生活的生产方式制约着整个社会生活、

政治生活和精神生活的过程。"①根据马克思主义这一唯物史观,首先,本书着手分析三个阶段的晚清工业化与近代中国文化变迁的互动关系;其次,研究近代中国文化变迁的根本动因;再次,阐释晚清工业化在近代中国文化变迁中的地位;最后,总结晚清工业化与近代中国文化变迁的经验与教训,以资借鉴。

在厘清近代中国传统文化创新性发展的脉络的基础上,运用了以下方法进行具体研究。

第一,运用马克思主义的经济学理论和相关的西方经济学理论来研究晚清工业化。本书运用马克思主义理论和西方经济学理论,厘清工业化、近代化、现代化、全球化等概念及其相互关系,为本书打下坚实的理论基础。

第二,运用历史分析的方法,分阶段阐述工业化与文化变迁的互动关系。本书运用历史分析方法,按照历史重大事件将晚清工业化划分为三个阶段,即洋务运动时期(1861—1894 年)、戊戌变法时期(1895—1900 年)、清末新政时期(1901—1911 年),然后对每个阶段的工业化与近代中国文化变迁的互动关系进行深入细致的研究,以得出正确的结论。

第三,运用比较分析方法,客观得出晚清时期中国文化变迁的规律。本书通过比较分析晚清洋务运动时期、戊戌变法时期、清末新政时期这三个阶段工业化与文化变迁的互动关系,概括晚清时期中国文化变迁的规律。

第四,运用归纳和演绎方法,总结晚清时期中国文化变迁的经验与教训。运用归纳和演绎方法,以工业化与文化变迁的互动关系、晚清时期中国文化变迁的规律为依据,总结晚清时期中国文化变迁的经验与教训。

四、新视角新模式:中国传统文化在晚清的创新性发展研究

本书对中国传统文化在晚清的创新性发展研究采取了有别于他人的研究

---

① 《马克思恩格斯选集》(第 2 卷),人民出版社 1972 年版,第 82 页。

视角和研究模式,并得出一些新的结论。

第一,以新的视角——工业化视角,考察近代中国文化变迁。

一直以来,关于近代中国文化变迁动因问题的研究较少,并且目前的研究成果主要是从社会变迁的角度来探究近代中国文化变迁的动因。关于近代中国文化变迁的动因,具有代表性的观点有:社会决定论、文化决定论、互动论等。尽管以上观点对进一步推动和深化中国近代文化变迁动因研究大有裨益,但这些观点都或多或少地把文化变迁归因于社会变迁,这是值得商榷的。如果社会变迁是文化变迁的动因,那么社会变迁的动因又是什么? 社会变迁的动因与文化变迁又是什么关系? 所以,要探究近代中国文化变迁的动因,就必须搞清楚社会变迁的动因。社会变迁的根本原因就是生产力的变革,而近代以来,生产力变革表现为工业化。因此,近代中国文化变迁的动因就是工业化。再者,就物质条件而言,近代文化是以近代经济基础为依托的。没有一定发展程度的近代经济,就不可能发展出近代文化,最多只可能产生某些个别的、不太明确的含有近代性的观念而已。从长时段观察,近代文化的发展程度是与近代经济的发展程度相适应的。换言之,在经济的近代转型没有实现之前,一般来说,文化的近代变迁难以完成。而近代经济转型实现的标志就是工业化的实现。基于上述认识,本书以工业化为视角,考察近代中国文化变迁的动因问题。

第二,确立新的研究模式——"冲击—自强"模式,研究近代中国文化变迁。

就国外而言,研究近代中国文化变迁的学者主要包括西方学者和海外华人学者两部分。西方学者分别提出两种著名的研究模式:"冲击—反应"模式和"中国中心"模式。但是,这两种模式都有其不足之处:"冲击—反应"模式不能说明包括中国在内的广大亚非拉国家都受到了西方的冲击,为什么中国文化变迁展现了与其他广大亚非拉国家文化变迁不同的图景,中国因素真的没起作用吗? 而"中国中心"模式则不能说明:为什么中国文化变迁在1840

年鸦片战争以后才发生质的变化？那么西方因素真的没起作用吗？海外华人学者研究总的倾向是比较强调中国文化自身的现代转换,对所谓的"冲击—反应"模式持明显的批评态度,但却没有提出令人信服的研究模式。

国内学者在分析近代中国文化变迁时,提出了两种研究模式:一种是"传统—现代"模式,另一种是"内因与外因主次作用转换"模式。"传统—现代"模式仍未摆脱"冲击—反应"模式的影响;而"内因与外因主次作用转换"模式则没有说明导致内外因主次作用转换的原因是什么——是西方因素？还是中国因素？或者二者兼有？抑或其他？

在近代中国文化变迁问题上,片面强调外来文化的冲击作用,或片面强调中国传统文化自身的现代转换,或者采取折中的办法,都是不符合实际的。近代中国文化变迁是在西方冲击下的中国人应付内外挑战的主动奋斗。面对西方文化的冲击,中国人秉持中国文化的精髓——自强不息,开始认识、把握、引进西方文化,进而自我调整、自我适应,最终实现中西文化从激烈冲突到融会贯通的变迁。综上,本书研究近代中国文化变迁采用了不同以往的"冲击—自强"模式。

第三,突破了一些难点,得出了一些新的结论。

以往的研究注意到了近代中国文化变迁中出现的文化自大和文化自卑这一文化现象,但是没有认识到导致这一文化现象的本质原因所在。本书通过分析发现,之所以出现这一文化现象,其本质原因在于晚清工业化导致近代中国文化变迁的灵魂缺失。晚清工业化是一个不断向西方学习的过程,同时又是一个不断摆脱中国传统文化束缚的过程。在这一过程中出现了把西方文化奉若神明,把中国传统文化弃若敝履的局面,因此,面对西方的每一次冲击,国人就会表现出文化自大或文化自卑。晚清士人游移在文化自大和文化自卑之间,缺乏对中国传统文化的自觉和自信,以致形成了近代中国文化变迁有主题无灵魂的局面。有鉴于此,在近代中国文化变迁过程中,主动再造民族文化的魂与魄是必须完成的使命。

一般认为,洋务运动是清朝统治者的自救运动,其根据是洋务运动举办的军事工业和民用工业,都是为了维护和巩固封建统治的。但本书通过分析洋务运动时期的工业化与文化变迁发现,洋务运动时期,洋务派举办了一些近代军事工业和民用企业,这是从生产方式上挖了封建主义的墙脚;洋务派因发展军事工业的需要,对封建社会的一些制度进行了相应的改革和调整,并创建了一些新的制度,这些制度的出现从根本上动摇了封建统治的上层建筑。因此,洋务运动不是清朝统治者的自救运动,而是封建统治者自掘坟墓的运动。

戊戌变法时期的工业化(1895—1900年)在整个晚清工业化时期所占的时间最短,但这个时期的文化变迁却最为激烈。一般认为,由于甲午中日战争的失败,以及资产阶级维新派的大力宣传,开启了近代中国思想启蒙运动。但是通过分析这一时期工业化与文化变迁发现,正是因为有了34年的洋务运动而导致的文化变迁,所以才会出现维新派振臂一呼、国人群起响应的局面。

近代中国文化变迁包含的内容极为丰富,所以既可以进行微观上的研究,例如,近代生活方式、思维方式等的研究,也需要做出更多的努力,进行宏观上的系统而非专题研究,以从根本上把握近代中国文化变迁的主流方向。本书突破了宏观研究局限,在一定程度上弥补了某些似系统而实分散的研究结果的不足,在宏观上对晚清工业化与近代中国文化变迁关系进行了系统研究,并明晰地发现:近代中国文化变迁,无论发生在哪个时期、何种领域,其主流方向无一例外都是追求富强。

本书的写作也有一些不足之处。在实现中华民族伟大复兴的中国梦和弘扬优秀传统文化的背景下,以工业化为视角对晚清工业化与近代中国文化变迁进行研究,是一项有价值的工作,也是一项重要的任务。但由于原始背景资料收集困难,论证的创新性有所不足,加之时间和能力有限,本书对晚清工业化与近代中国文化变迁的研究,仍有需要继续深化和挖掘的地方。

关于晚清工业化,本书主要是对晚清政府和中国民族资产阶级开展的工业化进行的研究,而对西方列强在中国进行的工业建设以及对中国文化造成的影响,本书研究尚有不足。清末新政时期的工业化推动近代中国文化变迁进入新境界,由于清政府的灭亡,变迁中的中国文化对辛亥革命后的中国工业化有何影响,本书也尚未涉及。

笔　者

2021 年 6 月

前　　言

习近平总书记指出："一个国家、一个民族的强盛,总是以文化兴盛为支撑的,中华民族伟大复兴需要以中华文化发展繁荣为条件。文化的繁荣发展是一个国家最深沉的软实力,是一个国家综合国力的重要组成部分。"①这是习近平总书记对文化的发展繁荣在中华民族伟大复兴中的作用和意义的高度概括。实现现代化是实现中华民族伟大复兴的前提和基础,而文化的发展繁荣对实现现代化具有极为重要的作用。

纵观中国近现代史,中国的现代化起步于晚清洋务运动时期,而且中国的现代化在晚清时期走了一条与西方的"文化—制度—器物"的现代化道路完全相反的道路,即中国走了一条"器物—制度—文化"的现代化道路。在中国这条现代化道路上,由于文化没有达到自我觉醒,因此在现代化进程中没有发挥其支撑和引领作用,而是起到了阻碍作用,所以晚清时期的工业化既要完成自己的使命,又要对中国的传统文化进行改造和创新,使之适应中国工业化发展的需要。因此,晚清工业化呈现出这样一幅图景:工业化推动中国文化的变迁——变迁的中国文化推动工业化再上一个新台阶——在新的基础上的工业化又进一步推动中国文化的变迁。这是一个看似循环往复,实质上是波浪式

① 中央文献研究室:《习近平关于社会主义文化建设论述摘要》,中央文献出版社 2017 年版,第 3—4 页。

前进和螺旋式上升相统一的过程。

由于晚清工业化走了一条对中国传统文化改造和创新有限、对西方文化吸收有余的道路,因此,对今天的中国文化发展繁荣而言,文化自觉的任务仍十分艰巨。以史为鉴,可以知兴替。成功的经验或许不可复制,但失败的教训必须吸取,唯有如此,我们才能走得更远、走得更好。

本书正是在这种背景下,运用新的研究模式:冲击—自强模式,以马克思主义的经济学理论和相关的西方经济学理论为基础,采用历史分析、比较分析、归纳和演绎等方法,对晚清50年的工业化与近代中国文化变迁进行了深入的研究。通过对理论和事实的梳理,全面系统地分析了晚清工业化与近代中国文化变迁互动的辩证关系,并在此基础上,提出了本书的基本结论。

本书主要包括以下几个部分:

第一章为冲击—自强模式:近代中国文化变迁的新模式。在分析近代中国文化变迁以往的研究模式:冲击—反应模式、中国中心模式、传统—现代模式、内因与外因主次作用转换模式的基础上,本章提出了本书所依托的模式:冲击—自强模式。中华民族自强不息的精神中本就蕴含着冲击—反应模式,从表面上看,晚清工业化是面对西方冲击的一种应对;但从本质上看,它是在西方的冲击下,中华民族自强不息精神中固有的冲击—反应模式在近代中国的历史进程中的再现,并进而促成了近代中国文化变迁的冲击—自强模式。中国在面对第二次鸦片战争的失败而兴起的"自强""求富"的洋务运动、面对甲午中日战争的失败而出现的"实业救国""设厂自救"运动、面对八国联军侵华战争的失败而举办的清末"新政",无不体现了这种模式。

第二章为洋务运动:近代中国文化变迁的新起点。本章首先确定近代中国文化变迁的起点是洋务运动,其原因在于近代中国文化变迁是指中国文化由以农耕为基础的传统文化向以资本主义生产力为基础的近代文化转变,而中国的资本主义生产力发展始于晚清的洋务运动。其次,论述了在西方的冲击下,以自强、求富为目的的洋务运动工业化的兴起与展开,着重阐释了洋务运动工业化推动了近代中国文化的变迁,认为军事工业的发展撬动了制度的改革和创新,进而推动了近代中国文化变迁;同时,军事工业推动下的民用工业的发展,也促进了近代中国文化的变迁。再次,阐述了早期维新派开始反思洋务运动,从而更进一步推动了近代中国文化的变迁。这一阶段文化变迁的最大特点是主题明确,即追求富强成为晚清文化变迁的主题。最后,进行简单的总结,认为洋务运动时期的工业化是一场工业化与传统观念的纠缠与摆脱的斗争——工业化每前进一步都是对传统观念的一击,工业化每一次停滞都是对传统观念的一次挣扎。总之,洋务运动时期的工业化与近代中国文化变迁都可谓有进展无突破。

第三章为工业化路线图变更:近代中国文化变迁的新转向。本章首先分析了甲午战争后,中国工业化路线图变更的原因及这一时期工业化的特点。其次论述了路线图变更下文化变迁的新转向,即文化围绕着路矿业和轻纺工业的发展而展开变迁,最后进行简单的总结。这一时期的工业化虽然只有短短5年的时间(1895—1900年),但近代中国文化已经在更广领域、更深层次展开了变迁,这说明工业化的发展水平以及前一阶段的文化变迁发挥了决定性作用。

第四章为文化变迁的新境界:清末新政时期工业化与文化变迁。本章首先分析了清末新政时期工业化发展的原因及特点。这一时期工业化发展的原因包括多个方面,其中与前40年工业化推动的文化变迁具有极为密切的关系,这一时期工业化具有全面性、民间性、世界性等特点。其次,阐述了清末新政时期工业化所推动的文化变迁。随着晚清工业化进入高潮,这一时期的文化变迁在更大范围、更深层次展开,达到了新境界——经济民族主义的兴起是这一时期文化变迁的一大亮点,铁路运营所导致的近代中国文化变迁涉及的范围之广是这一时期文化变迁的一大特点,女权意识觉醒是这一时期文化变迁的一大热点,最后进行简单的总结。清末新政时期的工业化是在中国被迫完全融入全球化后开始的,因此,近代中国文化变迁中有了更多的世界元素。

清末新政时期的工业化导致中国传统文化全面退缩,西方观念纷至沓来,其结果是对中国传统文化改造、创新有限,对西方文化吸收有余。在有限与有余的矛盾冲突中,国人游移在文化自大和文化自卑之间,缺少了对中国文化的自觉和自信。

第五章为工业化与文化变迁:互动、困境与出路。本章总结了晚清工业化与近代文化变迁的互动关系,认为:第一,晚清工业化与近代中国文化变迁在历史和逻辑的统一中携手前行;第二,晚清工业化的地区性特征决定了中国文化变迁的地区性特征及走向;第三,工业化是近代中国文化变迁的决定性力量;第四,工业化决定文化变迁,文化变迁反作用于工业化,但反作用力的大小取决于工业化水平;第五,晚清工业化导致近代中国文化变迁的灵魂缺失。探讨了晚清工业化与文化变迁的困境和出路,认为晚清工业化发展的缓慢以及工业化的主导权不能完全掌控在中国自己手中,决定了晚清工业化与近代中国文化变迁始终不能处于良性互动状态,要实现工业化与文化变迁处于良性互动状态,推翻帝国主义在中国的统治是决定性的条件。

鸦片战争后,西方文明强烈冲击着古老的中华文明。在西方文明的冲击下,部分国人对中国文化失去了自信,并走向了两个极端:一端是文化自卑,另一端是文化自大。面对西方文明的冲击,中国传统文化将何去何从?是沉沦还是复兴?这是中国人必须回答的一个重大问题。毫无疑问,自强不息的中国人选择的是复兴中华文化。复兴不是复古,复兴中华文化就是创造性转化中国文化、创造性发展中国文化,实现创造性转化和创造性发展中国文化离不开工业化的发展。晚清工业化开启了中国文化向现代的转化和发展。尽管这一过程充满曲折与艰辛,但它带来的更是希望和生机。

第一章 冲击—自强模式：近代中国文化变迁的新模式

一、百家争鸣：近代中国文化变迁的诸理论

（一）文化的内涵及特点

文化是非常广泛和最具人文意味的概念。简单地说，文化就是地区人类的生活要素形态的统称，即衣、冠、文、物、食、住、行等。给文化下一个准确的定义，是一件极为困难的事情。人类对文化这个概念的解读，一直众说纷纭。但东西方的辞书或百科中有一个较为共同的解释和理解，即文化是相对于政治、经济而言的人类全部精神活动及其产品。

从文化的一般定义，我们可以看出，文化是具体的，它就在我们身边，它包括衣、冠、文、物、食、住、行等；同时，文化又是抽象的，它是一种精神产品。文化作为一种精神产品，意味着它是长期历史积淀的成果，文化一旦形成就强烈地影响着我们每个人。当这种影响发展到束缚我们的时候，文化就必须浴火重生，否则必然消亡。

文化是长期历史积淀的成果，因此具有稳定性，这种稳定性对一个社会的稳定具有重要作用。但决定文化产生、发展的决定性力量是生产力。一种文

化适应生产力发展要求,它就会发展壮大;当不适应甚至阻碍生产力发展时,它就会枯萎。避免文化枯萎的唯一办法不是保护,而是自我更新以适应生产力发展要求。

由于生产力发展是阶段性和连续性的统一,决定了文化的发展也呈现阶段性与连续性相统一的特点。当生产力处于相对稳定期,文化则相对稳定,当生产力处于变革期,则文化必然会发生变化。晚清时期,由于中国开始了工业化,所以晚清时期中国文化开始了变迁。

(二)文化变迁理论的基本问题

文化变迁是指由于族群社会内部的发展或由于不同族群之间的接触而引起的一个族群文化的改变。

随着对文化变迁研究的深入,在学界已形成众多的理论流派,并且已有许多研究者按照一定的标准对文化变迁理论进行了归纳。人类学文献通常将文化变迁理论区分为古典进化论学派、传播学派、历史学派、功能学派、文化相对论学派、进化论学派等。① 在社会学文献中,大部分分类与人类学相同,但有时也会出现诸如冲突理论、循环理论、马克思主义理论等分类。②

虽然我们可以把文化变迁理论按不同的标准分成若干流派,但每个流派都必须回答这样两个基本问题:一是文化变迁的过程;二是文化变迁的动力。

以摩尔根、孔德、斯宾塞、滕尼斯、迪尔凯姆等为代表的人类学家或社会学家认为,文化变迁的路线是既定的,人无能为力、无法左右。文化变迁的动力源于文化的内部,不能人为改变。斯图尔德、怀特、奥格本等认为,文化变迁的过程是非线性的和多样性的,在文化变迁的动力问题上,他们认为文化是一种

---

① [美]克莱德·M.伍兹:《文化变迁》,何瑞福译,河北人民出版社1989年版,第1页。
② [波]彼得·什托姆普卡:《社会变迁的社会学》,林聚任等译,北京大学出版社2011年版,第95—147页。

自足、自觉的过程,"社会力量创造了伟人"①。罗斯托等认为,"变迁是直线发展的,欠发达社会都要追随较发达社会已经走过的相同道路,重复同样的步骤。"②文化变迁被认为是:"'自上而下'发动和控制的过程,由开明的政治精英通过有目的有计划的努力决策,使他们的国家摆脱落后实现的。"③埃利亚斯等认为,文化变迁的过程具有多样性和不确定性,但又具有方向性。文化变迁的动力在于具有不同目的和不同行动的个体或个体间的杂乱无序的互动。马克思"坚信进步是历史过程的总方向……历史是沿着统一的道路经过一系列不同阶段前进"④,但他又坚持非线性的立场,认为印度的"村社制度"是不同于欧洲社会制度的一种特殊制度。⑤ 在文化变迁的动力问题上,马克思认为,经济基础决定上层建筑,经济基础构成了个体活动的前提和基础。"个人是什么样的,这取决于他们进行生产的物质条件。"⑥同时,马克思主义还认为,"全部人类历史的第一个前提无疑是有生命的个体的存在"⑦,个体不仅是物质资料的生产者,还是"自己的观念、思想等等的生产者"⑧。

马克思主义的历史唯物论实现了在唯物主义基础上文化变迁过程的线性和非线性的统一,实现了文化变迁动力的决定论与能动论的统一。

众多的文化变迁理论为我们理解和研究文化变迁提供了不同的视角,开阔了我们的视野,但唯有马克思主义的历史唯物主义以其科学性弥补了诸多

---

① [美]威廉·费尔丁·奥格本:《社会变迁——关于文化和先天的本质》,王晓毅,陈育国译,浙江人民出版社1989年版,第206页。

② [波]彼得·什托姆普卡:《社会变迁的社会学》,林聚任等译,北京大学出版社2011年版,第124页。

③ [波]彼得·什托姆普卡:《社会变迁的社会学》,林聚任等译,北京大学出版社2011年版,第124页。

④ [波]彼得·什托姆普卡:《社会变迁的社会学》,林聚任等译,北京大学出版社2011年版,第147页。

⑤ 《马克思恩格斯选集》(第2卷),人民出版社1972年版,第66页。

⑥ 《马克思恩格斯选集》(第1卷),人民出版社1972年版,第25页。

⑦ 《马克思恩格斯选集》(第1卷),人民出版社1972年版,第24页。

⑧ 《马克思恩格斯选集》(第1卷),人民出版社1972年版,第30页。

文化变迁理论的不足而赢得最强的说服力。在近代中国文化变迁研究中，只有坚持马克思主义的历史唯物主义理论，才能获得正确的方法和科学性的结论。

（三）国内外学者对近代中国文化变迁模式的研究

关于近代中国文化变迁的研究成果颇为丰富。不但国内学者，而且国外学者，对这一问题都有所研究。

就国外而言，研究近代中国文化变迁的学者主要包括西方学者和海外华人学者两部分。西方学者分别提出两种著名的研究模式："冲击—反应"模式和"中国中心"模式。但是，这两种模式都有其不足之处："冲击—反应"模式不能说明包括中国在内的广大亚非拉国家都受到西方的冲击，为什么中国文化变迁展现了与其他广大亚非拉国家文化变迁不同的图景，中国因素真的没起作用吗？而"中国中心"模式不能说明为什么中国文化变迁在 1840 年鸦片战争以后才发生质的变化，那么西方因素真的没起作用吗？海外华人学者研究总的倾向是比较强调中国文化自身的现代转换，对所谓"冲击—反应"模式，持明显的批评态度，但却没有提出令人信服的研究模式。

国内学者在分析近代中国文化变迁时，提出两种研究模式。一种是"传统—现代"模式，另一种是"内因与外因主次作用转换"模式。"传统—现代"模式仍未摆脱"冲击—反应"模式的影响，而"内因与外因主次作用转换"模式没有说明导致内外因主次作用转换的原因是什么——是西方因素？还是中国因素？或者二者兼有？抑或其他？

在近代中国文化变迁问题上，片面强调外来文化的冲击作用，或片面强调中国传统文化自身的现代转换，或者采取折中的办法，都是不符合实际的。近代中国文化变迁是在西方冲击下的中国人应付内外挑战的主动奋斗。面对西方文化的冲击，中国人秉持中国文化的精髓——自强不息，开始认识、把握、引进西方文化，进而自我调整、自我适应，最终实现中西文化从激烈冲突到融会贯通的变迁。

二、模式解读：冲击—自强模式的形成机理分析

1840年鸦片战争以清政府失败被迫签订丧权辱国的《南京条约》而宣告结束，从此中华民族开始陷入深重的民族危机之中。20年后的1861年，中国开始了洋务运动，又称自强运动。"自强"一词源于《易传》："天行健，君子以自强不息。"《易传》之所以提出自强不息，源于中华民族的忧患意识。

（一）忧患意识：中华民族自强不息精神的孕育

殷商的灭亡使周初的统治者认识到"天"不能保证家天下万世一系。既然"天"不能保证家天下万世一系，那么谁能保证家天下万世一系呢？既然"小邦周"能代替"大邦殷"，那么将来有谁能保证"大邦周"不被别的小邦国取而代之呢？"小邦周"代替了"大邦殷"，这一历史性事件，给周初统治者以强烈的震撼，使周初统治者产生了强烈的忧患意识。为了实现周天下长治久安，周初统治者开始思考用以保证家天下万世一系的是什么？"小邦周"代替"大邦殷"的原因是什么？于是周初统治者提出了"皇天无亲，惟德是辅"的论断。这一理论回答了保证家天下万世一系、"小邦周"代替"大邦殷"的根本原因不在于"天"，而在于人。只有发挥人的主观能动性，"修德""敬天""保民"才能免予被代替的命运。因此，中国的忧患意识是面对冲击而产生的反求诸己的主观能动反应，是完全不同于其他民族的忧患意识。这是中国忧患意识的显著特点。

中华民族的忧患意识是由冲击而产生的反应，是一种主观能动的反应，而不是一种被动的反应，即冲击—能动反应模式。因此，中华民族的忧患意识不是忧愁、恐惧与绝望，而是远见、责任与使命；是"吉凶与民同患"的群体意识；

是"明于忧患与故"的理性自觉;是中华民族的时代使命感和社会责任感的集中体现。精神是意识的产物。中华民族的忧患意识必然产生中华民族自强不息的精神。忧患意识是面对冲击而产生的主观能动反应,自强不息则是在忧患意识基础上,面对冲击应对挑战而形成的民族精神。自强不息观念的提出,表明中华民族面对冲击而形成了能动反应,已完成由意识层面到精神层面的转变。

(二)独特内涵:中华民族自强不息精神的解读

基于忧患意识而产生的中华民族自强不息的精神有其独特的内涵,具体表现为:

1. 乐天知命,坚强不屈

《周易》认为,忧患会不断出现,那么我们怎样去克服不断出现的忧患呢?《周易》提出克服忧患的方法就是"乐天知命",即乐行天道之所当然,知天命之造化。因此乐天知命不是盲目乐观,也不是非理性的,而是建立在遵循和利用自然规律的基础上的对未来的理想信念,是理性的;乐天知命不是听天由命,而是高扬人的主观能动性,鼓励人的积极进取精神;乐天知命要求人在顺境中不懈怠、乘胜而进,在逆境中不沉沦、奋勉向上。乐天知命要求人们以"知其不可而为之"的精神为民族、国家而奋斗。这种奋进并不完全是建立在预判了结果的基础之上的,而是从悲天悯人的情怀出发,去做该做的事。即使在做之前,已经预见到了事情的结果,这也并不影响其应有的行动,甚至"君子以致命遂志"①。这正如马克斯·韦伯所说:"如果没有反复地在人间追求不可能的东西,那么可能的东西也实现不了。这是一句至理名言,全部的历史经验证明了它的正确性。"②

---

① 南怀瑾、徐芹庭:《白话易经》,岳麓书社 1988 年版,第 273 页。
② 马克斯·韦伯:《学术生涯和政治生涯》,国际文化出版公司 1985 年版,第 107 页。

在第二次鸦片战争失败的打击下,清政府官员中的洋务派主动开启了工业化进程。在洋务运动期间,洋务派尽管受到顽固派的打击和非难,但他们始终没有放弃"自强""求富"的梦想。甲午战争以中国失败而结束,中国人并没有因此而放弃中国的工业化,他们以"实业救国"为号召,推动中国工业化进入了新阶段。八国联军侵华和《辛丑条约》的签订,中华民族面临空前的民族危机,中国社会上下又进行了全方位的工业化建设。晚清工业化是在西方列强对中国的侵略一次比一次强烈的情况下的自我抗争、自我革新与自我发展。虽然晚清工业化因清政府的灭亡而结束,但中国工业化却没有因此而停止前进的步伐,它历经北洋政府时期、南京国民政府时期和中华人民共和国时期,中国最终成为全世界唯一拥有联合国产业分类中全部工业门类的国家。这正是中华民族秉持的"知其不可而为之""君子以致命遂志"精神而结出的丰硕果实。

这种乐天知命,实际是蕴含着一种坚强不屈的精神,它是中华民族生生不息、砥砺前行的动力,它是自强不息的核心。

2.进德修业,与时俱进

"大哉乾元,万物资始,乃统天。云行雨施,品物流形;大明终始,六位时成,时乘六龙以御天。乾道变化,各正性命,保合太和,乃利贞。首出庶物,万国咸宁。"[1]在中国古代人看来,天生生不已,运转不息,雄健豪放,气势非凡。人要效法天,做到"自强不息",就要"君子终日乾乾,夕惕若,厉无咎"[2]。为何如此,孔子认为:"君子进德修业,忠信,所以进德也。修辞立其诚,所以居业也。知至至之,可与几也。知终终之,可与存义也。是故居上位而不骄,在下位而不忧。故乾乾,因其时而惕,虽危无咎也。"[3]所以,当进则进,宜退则

---

[1]　南怀瑾、徐芹庭:《白话易经》,岳麓书社1988年版,第12页。
[2]　南怀瑾、徐芹庭:《白话易经》,岳麓书社1988年版,第7页。
[3]　南怀瑾、徐芹庭:《白话易经》,岳麓书社1988年版,第19页。

退。由此孔子进一步提出:"终日乾乾,与时偕行。"①也就是说,进德修业要与时俱进。时进时退不是走回头路,由此孔子再次提出:"终日乾乾,反复道也。"②但这种"反复"不是过去的重复,而是螺旋式上升,波浪式前进。总之,人要效法天,要自强不息,要"终日乾乾,夕惕若,厉无咎",也就是要进德修业。而这种进德修业不是对以前的重复,而是在以前的基础上更上一层楼,是与时俱进。可见,进德修业、与时俱进是面对量变的世界而采取的积极应对。

面对西方工业化浪潮,清政府中的洋务派与时俱进,开始了中国工业化。洋务运动失败后,中国工业化进入了一个新的时期——戊戌变法时期。戊戌变法时期的工业化与洋务运动时期工业化既有联系又有区别。洋务运动时期工业化所出现的文化变迁,使中国社会的部分传统观念开始动摇,人们接受了近代西方的某些先进观念和思想,这使戊戌变法时期的中国工业化处于认可和支持工业化的文化氛围之中,从而使这一时期的工业化少了更多的障碍。同时戊戌变法时期的工业化不是对洋务运动的重复,而是与时俱进,针对中国所面临的形势,对工业化的内容进行了相应的调整。清末新政时期的工业化也是如此。中国接受了从1861—1901年40年的工业化洗礼,中国工业发展小有基础,中国文化已经发生重大变迁,中国文化越来越认可和支持工业化。正因如此,清末新政时期是晚清中国工业化发展的最好时期。

3. 困而发愤,革故鼎新

《周易》认为,人不仅在顺境中要"自强不息",而且在逆境、困境中仍然要做到"自强不息"。在逆境、困境中坚持自强不息,首先要做到"困而不失其所"③,即在困境中不失其本来面目。本来面目就是"刚中",也就是坚强不屈并恰如其分,以中正中庸面对困境,当然能困境求通,亨通畅达。其次,要发愤

---

① 南怀瑾、徐芹庭:《白话易经》,岳麓书社1988年版,第24页。
② 南怀瑾、徐芹庭:《白话易经》,岳麓书社1988年版,第15页。
③ 南怀瑾、徐芹庭:《白话易经》,岳麓书社1988年版,第273页。

遂志。泽无水,困,君子以致命遂志。① 君子处困穷之乱世,则以献出己身,尽致己命,以达到他杀身成仁、舍生取义的心志。最后要反身修德。山上有水,蹇,君子以反身修德,当遭遇灾难时,我们既不要盲目屈从,也不要冒险犯难,而应反省自己,修好品德,把苦难变成一种对自己最好的磨炼,而不是躲避,这就是反身修德。

面对逆境和困境,除了进德修业、困而发愤外,《周易》同时还强调了身体力行和革故鼎新的重要性。"解,险以动,动而免乎险,解。"②面对险难,我们必须采取行动,只有身体力行纾解险难,才能免予险难。险难一旦纾解,则"天地解而雷雨作,雷雨作而百果草木皆甲拆"③。《周易》对人类效法天、身体力行给予高度肯定:"解之时大矣哉!"④

《周易》名之为"易",其最基本的含义就是"变易"。无论从内容还是从形式看,《周易》都是在讲宇宙、人类社会的变化发展,其落脚点是人应该怎样在运动变化中求生存、求发展。但任何变化发展都不是一帆风顺的,会出现前进道路壅塞、甚至走到尽头的情况,面对这种局面,我们怎样自强不息,才能变天堑为通途,才能出现"山重水复疑无路,柳暗花明又一村"的境界,为此《易传·系辞》提出"穷则变,变则通,通则久"的思想。具体而言,《周易》认为通过变革可以发展生产力,实现制度创新和变革。"包犠氏没,神农氏作,斫木为耜,揉木为耒,耒耨之利,以教天下,盖取诸益";"日中为市,致天下之民,聚天下之货,交易而退,各得其所,盖取诸噬嗑";"神农氏没,黄帝、尧、舜氏,通其变,使民不倦,神而化之,使民宜之"。⑤《周易》还认为,通过变革可以实现政治上的进步与变化。"天地革而四时成,汤武革命,顺乎天而应乎人。革之

---

① 南怀瑾、徐芹庭:《白话易经》,岳麓书社 1988 年版,第 273 页。
② 南怀瑾、徐芹庭:《白话易经》,岳麓书社 1988 年版,第 238 页。
③ 南怀瑾、徐芹庭:《白话易经》,岳麓书社 1988 年版,第 238 页。
④ 南怀瑾、徐芹庭:《白话易经》,岳麓书社 1988 年版,第 238 页。
⑤ 南怀瑾、徐芹庭:《白话易经》,岳麓书社 1988 年版,第 379—380 页。

时义大矣哉!"①因此,困而发愤、革故鼎新是面对质变的世界而采取的积极应对。

(三)近代转型:中华民族自强不息精神的近代蝶变

面对西方列强的侵略,中国开始了工业化。工业化本身就是一次重大的变革。晚清工业化持续了半个世纪,先后经历了洋务运动时期(1861—1895年)、戊戌变法时期(1895—1900年)和清末新政时期(1901—1911年)。这50年间的三个阶段是中国工业化不断发展、不断超越的过程,也是中国政治不断变革的过程。晚清工业化是面对世界发展潮流的主动应对,这50年既是变革推动工业化,又是工业化推动变革的年代。

自强不息的内涵以乐天知命、坚强不屈为核心,以进德修业、与时俱进和困而发愤、革故鼎新为两翼,它们相辅相成、相互促进。

自强不息由春秋战国时期儒家提出,西汉时期,儒家思想被奉为正统思想,自强不息经儒家的不断阐释,已深入到中国人的血脉之中,成为中华民族的民族精神之一。但儒家更多重视的是自强不息中的进德修业,对革故鼎新重视不够。进德修业是自强不息的主线、明线,而革故鼎新则成为自强不息的辅线、暗线。纵观中国古代历史,只有当民族、国家遭遇到空前危机时,自强不息中革故鼎新的思想才会受到重视。流动在中国人血脉中的自强不息的精神,在和平时期更多地强调个人进德修业,在危机、艰难时期则更多地强调革故鼎新。由于自秦朝到唐朝是中国封建社会的发生发展期,人们普遍认为社会发展的主要原因在于进德修业,没有意识到中国封建社会的发生发展期在本质上就是一个革故鼎新的时期,因而没有认识到改革创新在推动人类社会发展中的重要作用,所以不重视改革与创新,造成整个中国社会对改革创新不太重视。自宋朝开始,改革创新动力不足,仍然一味地强调进德修业,而不重

---

① 南怀瑾、徐芹庭:《白话易经》,岳麓书社1988年版,第283页。

视改革创新。

自周以后至北宋以前，中国社会发展处于上升时期，自强不息更多强调的是个人的修为；自北宋以后，中国社会发展处于衰退期，自强不息所强调的重点已由个人层面转向国家层面。自强不息已深入到每一个中国人内心，对自强不息的强调更加强烈，但基本思路没变。以北宋为界，中国一前一后两个时期有明显的不同，有质的改变，中国社会发生了质的变化。但是由于没有看到这种质的变化，便没有用变革的思维，而是仍然运用原有的思维方式，思考当下的问题。

自春秋战国时期到北宋前，中国封建社会处于发展上升期，自强不息主要是中原文化内部矛盾带来的冲击而产生的反应；而北宋至鸦片战争前，中国封建社会处于衰败期，自强不息不仅是中原文化内部矛盾带来的冲击而产生的反应，更是因中原文化与周边少数民族的矛盾引发的冲击而产生的反应。更进一步地讲，到了近代，以1840年鸦片战争为界，1840年前的自强不息仍然是因中华文明圈内诸多矛盾带来的冲击而产生的反应，1840年后的自强不息则是因中华文化与异质的西方文化的矛盾带来的冲击而产生的反应。

这种以近代工业为核心的西方文明，不同于且高于以农耕为核心的中国文明，如果仍然依靠强调"进德修业"来应对西方文明的挑战，已经不合时宜了。面对新时代，解决新问题，国人必须摆脱传统经验的束缚，在强调进德修业的同时，更要强调改革创新，实现自强不息的近代转型。

（四）模式形成：近代中国文化变迁的冲击—自强模式

从表面上看，晚清工业化是面对西方冲击的一种应对，但从本质上看，它是在西方冲击下，中华民族自强不息精神中固有的冲击—应对模式在近代中国的历史进程中的再现，并进而促成了近代中国文化变迁的冲击—自强模式。

1840 年鸦片战争使中华民族陷入严重危机,面对危机,中国开始了工业化。晚清工业化正是面对危机艰难局面,中华民族自强不息精神中革故鼎新的近代呈现。围绕晚清工业化,清政府内部出现了洋务派和顽固派。尽管两派之间有矛盾、有分歧、有争论,但工业化并没有因为两派的矛盾和争论而停止过。究其原因,在于两派在文化上的认同和一致,即"自强"是当时中国主流社会各方面一致接受的口号和共同拥戴的旗帜。两派争论的焦点是:抵御外侮的重点是加强个人道德修养还是革故鼎新搞洋务。

晚清工业化是近代中国既重视进德修业,又重视改革创新的开始。它是面对西方文化的冲击而产生的一种反应,而这种反应本身就是一种冲击—反应,这种应对是反求诸己的。

恩格斯认为历史是这样创造的:最终的结果总是从许多单个的意志的相互冲突中产生的,而其中每一个意志,又是由于许多特殊的生活条件才成为它所成为的那样。这样就有无数互相交错的力量,有无数个力的平行四边形,由此就产生出一个合力,即历史结果。而这个结果又可以看作一个作为整体的、不自觉地和不自主地起着作用的力量的产物。因为任何一个人的愿望都会受到任何另一个人的妨碍,而最后出现的结果就是谁都没有希望过的事物。所以到目前为止的历史总是像一种自然过程一样地进行,而且实质上也是服从于同一运动规律的。但是,各个人的意志——其中的每一个都希望得到他的体质和外部的、归根结底是经济的情况(或是他个人的或是一般社会的)使他向往的东西——虽然都达不到自己的愿望,而是融合为一个总的平均数,一个总的合力。然而,从这一事实中绝不应得出结论说:这些意志等于零;相反地,每个意志都对合力有所贡献,因而是包括在这个合力里面的。①

毫无疑问,帝国主义是近代中国贫穷落后的总根源,帝国主义对中国的侵

---

① 《马克思恩格斯选集》(第 4 卷),人民出版社 1972 年版,第 478—479 页。

略给中华民族带来了空前的灾难。但作为一种冲击力，帝国主义侵略冲击着中国文化，唤醒了中国文化中的自强不息的精神力量。自强不息的精神力量勇敢地应对西方冲击的挑战，在应对中化解并战胜西方的冲击力，亦即西方的冲击力和中国自强不息的精神力量形成了一种合力，即最终形成中华民族伟大复兴的绵长而磅礴之力。

第二章 洋务运动：近代中国
文化变迁的新起点

工业化既表现为大机器生产在国民经济各领域的广泛使用,同时又表现为伴随着大机器的广泛使用,整个社会的政治、经济、文化等领域都相应发生了深刻的变革。从洋务运动开始,中国在上述两个方面都发生了变化。尽管这一变化是蹒跚、缓慢的,但它却是进步的,这是不可否定的历史事实。1861年,曾国藩创办安庆军械所,这标志着中国工业化的开始。洋务运动是中国工业化的起点,而晚清工业化开始于1861年安庆军械所的设立,止于1911年辛亥革命的胜利、清政府的灭亡。

近代中国文化变迁开始于1840年鸦片战争。鸦片战争的失败使中国极少数人士开始睁眼看世界,并初步且粗浅地介绍西方;同时,自鸦片战争后签订《南京条约》等一系列不平等条约以后,西方侵略者开始大量地真正踏上中国土地,并开始传播西方思想。这两股力量共同推动中国文化的变迁,但这时中国文化变迁是极为缓慢、极为微弱的。究其原因,在于西方的思想、观念缺乏在中国扎根的物质基础。生产力决定生产关系,经济基础决定上层建筑。在中国的生产力、经济基础没有发生变化的情况下,文化的变革是很难实现的。1861年的洋务运动改变了这一切,洋务运动开启了中国工业化,也就是它在引进和发展先进生产力,生产力的变革必然导致文化的变迁,自此之后中国文化开始发生质的变化。

一、洋务运动的肇始

（一）师夷长技以制夷思想的首次实践

洋务运动是由应对国内的太平天国农民起义的冲击,以及西方列强对中国两次侵略的冲击而兴起的。在这两大冲击中,给清政府以强大震撼的是来自外部的冲击。因为这种来自西方的冲击与以往中国中央王朝面临的来自北方少数民族政权的冲击完全不同。鸦片战争前,中国中央王朝经常受到来自北方少数民族政权的威胁,其结局或者中央王朝与北方少数民族政权形成均势而相对峙;或者中央王朝打败北方少数民族政权,实现中央王朝政权的巩固;或者中央王朝被北方少数民族政权灭亡,少数民族入主中原,建立中央王朝。但19世纪的西方列强打败了清王朝,踏上了中国的土地,却没有摧毁清朝政权,进而在中国建立政权,而是在中国进行半殖民地统治。

正是基于这样的认识,李鸿章认为:"窃维欧洲诸国,百十年来,由印度而南洋,由南洋而东北,闯入中国边界腹地,凡史前之所未载,亘古之所未通,无不款关而求互市。我皇上如天之度,概与立约通商,以牢笼之。合地球东西南朔九万里之遥,胥聚于中国,此三千余年一大变局也。"①这是一大变局,但这并不意味着是最终的结局。因为经过两次鸦片战争,西方列强对中国的侵略是步步深入的,这就很难保证随着西方列强对中国侵略的加深,在未来不彻底摧毁清政府。要维护清王朝的统治,就必须阻止西方列强对中国的不断蚕食,进而把西方列强赶出中国。但是在反西方列强入侵的两次战争中,清政府确

---

① 梁启超:《李鸿章传》,湖南人民出版社2013年版,第190页。

实是一次比一次惨烈地败下阵来。这表明在中西方力量对比上，清政府处于明显的劣势，也就是在此时，清政府既是被迫地，也是自主地开始了自强运动，亦即洋务运动。

（二）军事工业的率先开办

曾国藩认为："欲求自强之道，总以修政事求贤才为急务。"[①]由此，我们可以推断，以曾国藩为代表的洋务派所倡导的自强运动是一个全方位的运动，也就是要全方位地提高中国国力。同时，洋务派也非常清醒地认识到，尽管自强运动是一个全方位的运动，但也要有所侧重，循序渐进，所以洋务派选择自强运动的突破口就是"以学做炸炮学造轮船等具为下手功夫"[②]。

洋务派之所以选择以举办军事工业作为自强运动的突破口，是基于以下两个方面的考虑：一是源于洋务派的感性认识。在与西方列强直接的接触中，洋务派把失败的原因归结为军事武器的落后。"中国文武制度，事事远出西人之上，独火器万不能及。"[③]这种观点与中华文化优越论的观点相比，具有其进步性，承认了中华文化有其不足之处。既然知道了自己的不足，就知道了自己努力的方向和要达到的目标，那就是学习制造西方的军事武器，所以要举办军事工业。二是源于洋务派的理性预期。洋务派企图通过发展军事工业，逐步调整和改造原有的国家治理，选拔精通西方军事技术的人才，达到修政事、求贤才的目的。同时，也可以摆脱当下这种不利局面，做到"彼之所长我皆有，顺则报德有其具；逆则抱怨亦有其具"。[④]

当然，洋务派也认识到自强运动并非易事，并非短期就能奏效，但绝不能因为艰难而畏缩不前。"苟欲捍御外侮，徐图自强，自非内外臣工各有卧薪尝

---

① 《曾文正公手书日记》，同治元年五月初七日。
② 《曾文正公手书日记》，同治元年五月初七日。
③ 《筹办夷务始末》（同治朝）（卷29），中华书局2008年版，第9页。
④ 《曾文正公手书日记》，同治元年五月初七日。

胆之志,持以一二十年之久,未易收效。然因事端艰巨,畏缩不为,俟诸后人,后人又将托辞以俟后人,且永无自强之一日。"①于是,自强运动首先开办的是军事工业。

(三)民用工业的紧随其后

随着洋务军事工业的发展,洋务派认识到,仅仅发展军事工业是不可能实现真正的自强的。李鸿章指出:"夫欲自强,必先裕饷,欲浚饷源,莫如振兴商务。"②于是,洋务派在继续创办军事工业的同时,大力兴办民用工业,自此洋务运动进入了"求强""求富"并举的新时期。洋务运动期间,洋务派兴办的近代民用工矿业共有 20 多家,其中规模较大的有:开平煤矿、漠河金矿、汉阳铁厂、上海织布局、湖北官布局等;兴办了一批近代交通运输业,主要有轮船招商局、津沽铁路、关东铁路、台湾铁路等;此外,还在全国铺设了 5 条电报干线。

二、争论与实践:近代中国文化在徘徊中变迁

在历史悠久的中国开启洋务运动,并非易事。它所受到的最大的困扰不是技术,也不是资金,而是传统观念。这种传统观念对洋务运动的困扰,集中表现为来自清政府内部顽固派的反对和阻挠,于是洋务派与顽固派围绕采西学、筹海防、建铁路进行了三次争论。面对顽固派的诘难,洋务派没有退缩,他们与顽固派进行辩论,据理力争,一点一点地争取工业化的合法性与合理性,并不断付诸实践。在与顽固派的争论中,在洋务运动的实践中,洋务派批判不合时宜的"夷夏之辨""天不变道亦不变""重本抑末"等旧观念、旧思想,接纳符合工业化发展要求的新思想、新观念,使中国传统文化开始发生质的变化。

---

① 王尔敏:《清季兵工业的兴起》,广西师范大学出版社 2009 年版,第 33 页。
② 李鸿章:《李文忠公全书》(奏稿)(卷39),上海人民出版社 1985 年版,第 32 页。

（一）中学与西学相激相荡：科举制度的松动与西学的闯入

洋务运动是从兴办军事工业开始的。兴办军事工业的重要条件之一，就是必须要拥有懂得西方科学技术的科技人员，而当时中国这方面的人才少之又少。为了拥有懂得西方科学技术的科技人员，清政府所能采取的唯一办法就是自己培养，而要培养人才，就要选拔人才。当时中国的传统观念是极不利于这方面人才选拔的。中国的士大夫视西方的军事武器为奇技淫巧，而西方国家则把它视为身心性命之学。由于中西方的认识不同，导致从事研究、制造军事武器的人，在中西方享受的待遇截然不同。在西方，制造军事武器的人举国尊崇；而在中国，则"以曲士相待"[1]。

要选拔高素质的人才从事科学技术的学习、研究，首先要打破传统的观念，而观念的改变必须依靠物质的力量。洋务派认为，洋人"能造一器为国家利用者，以为显官，世食其业，世袭其职，故有祖父习是器而不能通，子孙尚世习之，必求其通而后止。上求鱼，臣乾谷。苟荣利之所在，岂有不竭力研求，穷日夜之力，以期至于精通而后止乎？"[2]基于以上认识，洋务派提出在中国"欲觅制器之器，与制器之人，则或专设一科取士。士终身悬以为富贵功名之鹄，则业可成，艺可精，而才亦可集"[3]。在科举制度下，对科技人员的工作业绩，洋务派提出相应的具体考核办法，规定："工成与夷制无辨者，赏给举人，一体会试，出夷制之上者，赏给进士，一体殿试。"[4]

在洋务派多次建议下，1888 年清政府准设算学科取士，天津水师武备学堂的教习、学生与上海广方言馆肄业生、同文馆学生一起参加顺天乡试。这是自科举制度实行以来，首次将异质的域外文化纳入考试内容之中，且与中学并

---

① 《筹办夷务始末》（同治朝）（卷二十五），文海出版社 1966 年版，第 4 页。
② 《筹办夷务始末》（同治朝）（卷二十五），文海出版社 1966 年版，第 5 页。
③ 《筹办夷务始末》（同治朝）（卷二十五），文海出版社 1966 年版，第 10 页。
④ 郑振铎：《晚清文选》（卷上），中国社会科学出版社 2002 年版，第 145 页。

列。这是科举制度的一次重大改革,这一改革有利于选拔优秀的洋务人才。因为这一改革为年轻的士大夫提供了一条新的上升通道,即学习西学同学习儒家经典一样可以参加科举考试而步入仕途,这必然会吸引年轻子弟学习西学,进而有利于选拔优秀人才从事洋务事业。

这一改革既从制度上也从法律上肯定了西学的合法性。更为重要的是,这一改革的文化意蕴则更为深刻,因为制度的变革意味着文化的重建。为了功名利禄,年轻子弟学习西学也意味着西学开始深入到民间,这有利于西学在全社会的普及与传播。随着西学的普及,必将会影响中国传统文化的普及,中学与西学此消彼长的局面由此开始;随着西学的普及,西学必然会渗透到中国传统文化中,中国文化变迁在洋务派倡导西学的进程中已悄然开始。

西学选拔优秀的洋务人才之举措毫无疑问地在改变中国传统的人才观——由只选拔"讲心性,谈义理"的理学人才,到既选拔"讲心性,谈义理"的理学人才,又选拔"通西学,切时务"的洋务人才——这是科举制度实行以来人才观的根本性改变。人才观的改变必然提高了西学的地位,而中国传统文化的地位开始式微。这一重大改革预示着儒家文化一统天下的局面开始动摇,西学登堂入室,中国开始了多元文化并存的时代,中学与西学相激相荡由此开始,中国文化变迁已成必然。

(二)优越感的失落：新式学堂的创办与传统观念的颠覆

选拔人才是第一步,培养人才是第二步。洋务派采取开办近代学校和派遣留学生出国学习两种方式加快培养洋务运动所需人才。由于留学周期较长,在洋务运动时期,新式学堂在传播西方文化方面成就较大。

1.新式学堂对西学的传播

洋务运动创办工业需要引进西方的科学技术,办学堂、派留学生是为了掌握西方科学技术,因而西方科学技术首次以官方认可的形式大规模地登堂入室,西方科学技术在中国的应用和发展由此展开。这极大地改变了国人对西方科学技术的态度,形成了一股学习西方科学技术的潮流。西方文化中的科学技术首先以合法的身份契入到中国传统文化中,西方科学技术推动中国文化走上了变迁之路。

西学从走入中国到在中国扩散开来,新式学堂功不可没。洋务运动时期创办的新式学堂主要有三种类型:外语学堂、军事学堂、技术学堂。开办学堂在形式上改变了原有的办学格局,在原有的官学、私学、书院的基础上形成了官学、私学、书院、学堂并存的格局。办学格局的变化不仅仅是办学力量的变化和教育体制的变革,更为重要的是在此格局下教育内容的变化。无论哪种类型的学堂,学生们都要学习西方的自然科学,这是一种有别于中国传统文化的新文化。这种文化在中国慢慢扩散,在潜移默化中慢慢地颠覆中国人的原有认知,开阔了中国人的视野,帮助人们走出愚昧,迎接新知。新式学堂在传授近代自然科学的同时,也在接受、感受西方的政治制度,西方制度文明在悄无声息中不断扩展,不断挤压中国的传统文化,迫使中国传统文化转型。

以西方的自然科学和社会科学为主要教学内容的新式学堂教育,打破了以儒家思想为核心的封建思想文化在我国教育中一统天下的局面,从传统的经史子集的中学的独尊到西学占有一席之地,预示着中国人的知识结构发生了变化。无论中学还是西学,它不仅是知识的载体,而且还包含价值论内涵,所以无论是传统的还是现代的、中国的还是西方的知识结构都是一种信仰体系,知识结构的变化必然导致信仰的变更。人类的行为源于思想,思想源于教育,教育内容的改变必然改变人类的思想,也必然改变文化的发展方向。

2.传统观念的颠覆

新式学堂的课程设置冲击了"道本器末""夷夏大防"的原则,开始动摇中国传统的教育观念。新式学堂的教育目标是培养适应时代发展要求、掌握西方先进科学技术和军事技术的人才,而不是中国以往所培养的追求功名利禄的封建士子,因此,新式学堂教育动摇了传统的人才观。

"夷夏"观念在中国历史上源远流长。早在上古时代,"夏"与"夷"只是两个表示地域和民族的概念。约至春秋时期,"夷夏"概念的使用开始突破地域和民族的范围,被赋予文化意义,主要用以区别尊卑上下、文明野蛮。"夏"代表正宗、高贵、文明,而"夷"则代表偏庶、卑下、野蛮。"夷夏"观念的实践意蕴,是指中国人要用中华文明教化中国人所认为的野蛮民族和种族,使之接受中华文明,这是中华文明的使命。

洋务运动时期派遣留学生就是向我们自认为野蛮的"夷狄"学习,接受其文明,这实际上是承认了中国文化落后了,它颠覆了传统的"夷夏"观念,中国文化开始放下盲目的自大,务实地接受西方的先进文化。中国文化的优越地位不复存在了,中国文化的优越感受到了强烈的冲击和震撼,中国文化优越感的失落很容易产生文化自卑,它影响着中国文化的变迁,使中国文化变迁表现为更多的曲折和痛苦。

（三）新的流行语登场：民用工业的发展与新旧观念的此消彼长

北宋的灭亡、南宋的灭亡以及明朝的灭亡,在实践上暴露了以儒家文化为核心的中国文化在抵御以游牧文化为核心的北方少数民族入侵上的严重缺陷,但对此问题只是在明末清初的民间,以黄宗羲、顾炎武、王夫之等为代表的个别人的认识。两次鸦片战争的失败,又一次暴露了中国文化的严重缺陷,此时对此问题已由民间、个别人物的关注转变为政府、一部分官僚群体的共同认识,进而采取了具体的措施以弥补其缺陷,即清政府开始了洋务运动。

洋务运动首先创办军事工业,为了发展军事工业,在中国大地上首先展示了这样一幅路线图:军事工业→技术→办学堂、派遣留学生。这一路线图的初衷是为了强大中国军事工业,但它同时也在一步步地改变着中国人的观念和思想,使中国文化在此行进中变迁。随着军事工业的发展,洋务派也认识到仅实施上述路线图,还是不能达到强大军事工业的目的,因此,为了强大军事工业,还要实施另一幅路线图:军事工业→民用工业。

1. 富强观冲击义利观

随着军事工业的发展,洋务派认识到必须发展民用工业,其理由是"富国而后强兵""必先富而后能强"①。于是"求富"因"求强"而得到合法性根据,进而得到朝野上下普遍的认可。公开倡言"求富",这冲击了传统的"安贫乐道"的财富观,改变了封建士大夫讳言财利、不屑财利的局面。士大夫可以名正言顺地追逐财利,"求富"成为时代的口号和目标。"求强""求富"成为洋务运动的主题,自此"富强"成为时代的关键词,成为社会思潮,也成为时代的价值准则。封建时代的中国经济主要是传统的农业经济,所以,历朝都把农业视为"本",把工商业视为"末","重本抑末"思想贯穿于中国封建社会始终,而这一思想反映在义利观上就是"重义轻利"。洋务运动的"求富",就是政府提倡、鼓励发展近代工商业,这是在实践上对"重本抑末"的否定。与其实践相配合,士大夫和洋务派提出"恃商为国本""恃商为创国、造家、开物、成务之命脉"②"以工商立国"③"振兴商务"④等主张,这必然动摇士大夫们所秉持的"重义轻利"的义利观。

每一种经济制度都有与之相应的伦理道德观念,近代工商业的发展必然瓦解传统的义利观。发展工商业不可不讲利,也不可不注重个人的能力和作用。工商业经营者的能力和作用的发挥与其社会地位密切相关。中国封建社会的阶级序列是士农工商,商人的社会地位最低,洋务派要发展工商业,提高商人的社会地位势在必行,因此"重商富民"的思想被提了出来。

---

① 《李鸿章全集》(第16卷),时代文艺出版社1998年版,第3665页。
② 丁凤麟、王欣之:《薛福成选集》,上海人民出版社1987年版,第297页。
③ 中国史学会:《洋务运动》(一),上海人民出版社1961年版,第324页。
④ 《李鸿章全集》(第16卷),时代文艺出版社1998年版,第3665页。

2.主权意识冲击宗藩意识

洋务派发展民用工业的另一个原因是收回"利权"。早在洋务运动初期,洋务派官员就认识到西方经济侵略的危害,并积极谋划应对策略。李鸿章认识道:"长江通商以来,中国利权操之外夷,弊端百出,无可禁阻。英法于江浙各口力助防剿,目前小有裨益。但望速平此贼,讲求戎政。……我能自强,则彼族商不致妄心觊觎,否则后患不可思议也。"①此时的李鸿章认为,要挽回利权,就要讲求军事和政务;而随着洋务运动的发展,李鸿章主张通过发展民用工业来挽回利权。"溯自各国通商以来,进口洋货日增月盛……出口土货年减一年,往往不能相敌……自非逐渐设法仿造,自为运销,不足以分其利权。"②奕䜣也认识到,利权被列强控制,严重束缚了中国发展。"各国立约通商以后,轮船运货往来中国沿江、沿海各口岸,得专利权者十有余年,中国商务受亏,上下交困。"③

洋务派在与西方列强的交往中认识到了利权的重要性,因此对利权的表述包含两个既相区别又相联系的方面,即利是指经济利益,权是指与经济发展有关的政治权利和国家主权,而且洋务派对利权的表述是相对国家而言的。所以,洋务派对利权的表述和争取,一改中国封建社会时期在对外关系上不讲经济利益,只是为了满足"天朝上国"的虚荣心理的局面。中国人的意识开始由朝贡体系下的宗藩意识向主权意识转变。从此,"利权"成为近代中国的一个流行语。

民用工业在宏观上,一是改变了传统的财富观,形成了适应时代发展需要的"富强观",冲破了传统的重本抑末观念,提出了商为国本观,动摇了传统的义利观,打破了传统的士农工商的社会阶级秩序观。二是接纳了近代的利权

---

① 《李文忠公全书》(朋僚函稿)(卷3),光绪三十四年金陵刻本,第13页。
② 《李文忠公全书》(奏稿)(卷43),光绪三十四年金陵刻本,第43页。
③ 中国史学会:《洋务运动》(一),上海人民出版社1961年版,第169页。

概念,中国开始由传统的宗藩意识转向主权意识。在微观层面,发展工商业就是发展以资本主义市场经济为特征的轻工业、冶铁业、矿产业、电报业和交通运输业等,它在更大范围内改变了普通民众的思想观念。

(四)时间与思想方式:洋务企业的兴办与近代时间观念的确立

由于受到生产力水平的限制,人类对时间的认识经历了漫长的历史过程。在古代,人们对时间的认识是模糊的,即使在工业革命前的西方,人们的时间观念也不强,城市的手工工匠,干活也懒散拖拉。18 世纪 60 年代的工业革命则彻底改变了这一局面。"建立在时间不确切性基础上的旧习俗……让位于十分严格的社会时间表和固定的社会日历……时钟时间成了迷信对象,吃饭时间、工作时间、穿衣时间、访客时间;所有的活动都有确切的时间,需要严格地遵守。"[1]于是,"时间取向成为工业资本主义社会的唯一关键"[2]。

洋务运动把西方的时间概念引入到中国的工业化进程中,广东制造局制定的《广东制造东西两局章程》规定:局中工匠每天早上 6 点集合,6:30 开始工作,11 点吃饭,12 点开工,下午 5:30 放工,每天工作 10 个小时。迟到或早退者,罚工半日。每月放假两天,凡请假者按实际应得工时记工资,不请假而旷工者,除了扣工时外,按日论罚。此外,厂中悬挂工人名牌,上面写有姓名、工价,工人佩带同样内容的腰牌。早上到工时由工人亲自领取;放工时必须亲自悬挂,不得由别人代替,教习、监工在旁检查,以此来考察工人的上工情况。工作期间,设立考勤簿,由总监工每日按簿点名,并将工人的迟到早退、偷懒作

---

[1] 斯科特·拉什、约翰·厄里:《符号经济与空间经济》,王之光、商正译,商务印书馆 2006 年版,第 309 页。

[2] 斯科特·拉什、约翰·厄里:《符号经济与空间经济》,王之光、商正译,商务印书馆 2006 年版,第 305 页。

辍等情况注明册上,按期给予奖罚。① 洋务企业采用的是西方工作时间,西方工作时间意味着人们告别了传统的日出而作、日落而息的以大自然为尺度的劳动时间。接受了工厂规定的以价值为尺度的劳动时间,人们的生产、生活是用时间来约束和衡量的,这使人们逐渐认识到时间的价值,逐步建立起科学的时间观念。

西方的工作时间既是工业化的必然要求,也是工业化的必然结果,同时也是以西方工业化为背景的西方文明的重要组成部分。所有的时间观念都是文化的产物,不同的时间观产生于不同的文化环境中,而且它一经产生,又是该文化的基础和重要组成部分。洋务企业中采用西方工作时间,就是接受西方的时间观念,也就是在接受西方的文化观念。

思想方式是人类认识事物、思考问题的方法,它是长期实践的历史沉淀物。由于不同的实践决定了不同的民族有不同的思想方式,又由于它是实践的沉淀物,所以思想方式具有定型化的特点,即它成为一个民族通用的模式和习惯。同时,实践是不断发展的,所以思想方式也不是一成不变的,随着时代的发展,思想方式也在不断变化中。时间乃是一种思想方式。②

中国人持有循环时间观,欧美人持有线性时间观,一般而言,不同的时间观影响着不同的民族思维和行动。西方大机器生产是与欧美的线性时间观密不可分的,洋务运动引进西方的大机器生产,在当时的中国这是先进的生产力和生产方式,是一种全新的实践,它必须采用西方的线性时间观。以往中国的时间观念,如一天十二个时辰的计时法,这种计时法的每个时辰是两个小时,但它没有把每个时辰进一步细化,这样就很难判断发生在同一个时辰里的事件的先后次序,误差较大。洋务运动时期把西方的小时制度引入到洋务企业中,这样就能避免误差,统一标准,提高效率,因为大机器生产需要协调一致。

---

① 中国近代兵器工业档案史料编委会:《中国近代兵器工业档案史料》(第1辑),兵器工业出版社1993年版,第368页。

② 笛卡尔:《哲学原理》,关文运译,商务印书馆1958年版,第22页。

观念对思想方式起着潜移默化的作用,洋务企业中小时制的使用,改变了中国传统的时间观念,进而改变了中国传统的思想方式,最终它推动了中国的文化变迁。

(五)女子自食其力:民用企业的发展与性别观念的变化

在洋务派创办的民用企业中,纺织业中使用了大量女工。上海机器织布局是洋务派创办的棉纺织企业,该厂雇用工人约 4000 名,其中大部分为女工。1894 年该厂重新营业,厂内招收的女工数字当在四五千人。[①] 由此可见,在洋务派兴办的轻纺工业中出现了大量的女工,她们走出家门进入到这些企业中从事生产,出现"机声扎扎,妇女云吞"[②]的局面。这些女工以雇佣劳动者的身份进入企业,与雇主形成了雇佣劳动关系,她们以劳动换取报酬。这些女工的出现,颠覆了传统的男女有别的观念,改变了根深蒂固的男尊女卑的观念。

1. 男女有别观念的颠覆

中国传统农业社会的家庭分工是"男主外、女主内"的分工格局,女子被局限在家中,从事养儿育女、纺绩积纴、做饭盛汤等劳动。外国资本主义列强用武力打开了中国的门户,把中国卷入世界资本主义经济体系和世界市场之中。随着外国资本主义的入侵,洋纱、洋布等商品在中国大量倾销,逐渐使中国的农业与家庭手工业分离,农民破产。为了家庭生计,农村妇女开始离开家庭,走向社会,到工厂工作以谋生,这打破了原有的家庭分工格局。传统的家庭分工格局被打破,新的家庭分工格局在缓慢地形成中,男女对家庭的贡献在变化,这种变化逐步颠覆了男女有别的传统观念。

女性就职于工厂,不仅颠覆了男女有别的传统观念,而且还接受了近代的

---

① 孙毓棠:《中国近代工业史资料》(第一辑),科学出版社 1957 年版,第 1060 页。

② 吴友如:《坍屋伤人》,见《点石斋画报》(大可堂版,第十三册),上海画报出版社 2001 年版,第 320 页。

价值观念。女子就职于工厂,不仅是空间的转换,更重要的是她们获得了与男性平等竞争的机会与舞台。女性与男性一样成为近代产业工人,以劳动换取价值,在生产中她们感受到时代的力量,并在时代中调整和构建符合时代要求的新思想、新观念。

2.男尊女卑观念的改变

妇女在经济上的不独立是造成男尊女卑的根本原因。洋务运动时期,妇女进入洋务企业工作后,不仅能够养活自己,而且还能够帮助家庭,女性不再是家庭的负担,而成为家庭收入的主要贡献者。这极大地提高了她们在家庭中的地位,淡化了对男性的人身依附,甚至出现男性服侍女性的情况。"驾犊车,洗尿布,替簪花,尊之则若师若傅,敬之则如娘如爷""梳头而为之整发,澡浴而为之理毛"[1]。从上述这段文字,我们可以看出婚姻关系中男女地位已发生了新变化,出现了夫妻相处的新模式,展现了近代普通女性新的生活图景。女子在家庭中的地位提高,极大地冲击了根深蒂固的男尊女卑的传统观念。

"男主外、女主内"的分工格局被打破,女子走出家庭这个小世界,来到了社会这个大舞台,必然将改变她们的思想观念和行为方式。

(六)信息交流的新时代:电报的开通、文本衍生与新观念的出现

19世纪40年代,从美国铺设电报线路开始,西方列强纷纷铺设电报线路,但中国对电报的作用却茫然无知,直到19世纪60年代洋务运动时期的洋务派对电报也是持反对态度的。李鸿章就认为:"此两事(指电报和铁路)有大利于彼,有大害于我。"[2]直到1874年,洋务派才认识到电报的重要性,并于1877年开始铺设首条电报线,即台湾府到高雄(打狗)的一段,仅95里,是为

---

① 《申报》,1878年3月16日。
② 《筹办夷务始末》(同治朝)(卷五十五),文海出版社1966年版,第310页。

中国第一条电报线。① 1879 年,李鸿章在他所辖地区试架了一条天津和大沽炮台之间的电报线,长 120 里。1881 年,李鸿章铺设天津至上海线,是为南北洋线,是中国电报的第一条干线。中法战争中,电报发挥了重要作用,引起各方面重视。左宗棠于 1884 年铺设南京至汉口的长江线,这是第三条干线。1885 年,云贵总督岑毓英铺设由汉口至成都到蒙自的川滇线,这是第四条干线。1889 年,陕甘总督杨昌濬铺设由保定经西安到嘉峪关的陕甘线,这是第五条干线。电报线路的铺设,开启了中国信息交流的新时代。

因为电报按字数收取费用,所以电文语言力求简练、明白,能用一个字表达清楚的,无须再用几个字,这就需要相应地改变中国传统的文体结构,这样就在中国出现了通讯等新文体。文体的客观存在是一种社会文化的需求,与特定时代的文化精神是同一的。② 因此,随着新文体的出现,中国传统文化必然发生变化,适应时代需要的文化已渐渐走来。

电报使信息传播的速度大大加快,它改变了国人的空间观念和世界观念。世界不再是遥不可及的,电报使"海国如户庭焉③"。时人更把电报的使用看作"缩地术",并认为这是世界一体化的基础。王韬认为:"五洲必大一统,于电线、轮路缩地之术基之。"④康有为则认为:"同当大地开辟之后……铁道电线百数十万里以缩地,礼乐文章,缛若霞绣。"⑤王韬、康有为的世界一体化理念,必然冲击着中国传统的夷夏之防等思想观念。

电报在中国的使用对精确计时方法的推广发挥着极大的作用。电报的使用绝对要求定点定时,这势必要求发报员改变过去模糊的时间观,严格遵守精确时间。对于使用电报的中国人来说,也同样受到电报所要求的时间约束,所

---

① 邮电史编辑室:《中国近代邮电史》,人民邮电出版社 1984 年版,第 53 页。
② 吴承学、沙红兵:《中国古代文体学学科论纲》,《文学遗产》2005 年第 1 期。
③ 中国史学会:《洋务运动》(一),上海人民出版社 1961 年版,第 335 页。
④ 吴伦霓霞、王尔敏:《清季外交因应函电资料》,香港中文大学出版社 1993 年版,第 508 页。
⑤ 康有为:《大同书》,郑州古籍出版社 1998 年版,第 47 页。

以必须抛弃传统的时间观念,适应近代的时间观念。电报的使用,慢慢地推进了中国人时间观念的近代化。

三、反思洋务运动:近代中国文化变迁的再出发

(一)面临困局: 初步发展中的洋务运动面临的困难

1. 初步发展中的洋务运动面临的形势

19世纪六七十年代,国际形势发生了巨大变化:"垄断前的资本主义发展到顶点的时期,是在19世纪60年代和70年代。现在我们又看到正是在这时期以后,开始了夺取殖民地的大高潮,分割世界领土的斗争达到了极其尖锐的程度。所以毫无疑问,资本主义向垄断资本主义阶段的过渡,向金融资本的过渡,是同分割世界的斗争的尖锐化联系着的"。①

这一巨大变化对中国形成了巨大冲击。一是从19世纪六七十年代开始,中国出现了边疆危机,主要有:沙皇俄国武装占据伊犁,美、日侵略我国台湾,日本吞并琉球与寻衅朝鲜,英国侵入我国西南边疆。至19世纪80年代,法国挑起侵略越南和我国西南边疆的中法战争。中法战争后,资本主义列强继续侵略我国边疆及邻国,主要有:英国占领缅甸,葡萄牙占领澳门,英国侵略西藏,沙俄霸占萨雷阔勒岭以西领土,列强争夺中国邻邦朝鲜。二是19世纪60年代以后,半殖民地半封建的中国逐渐成为资本主义各国工业品的市场和工业原料的供应地。

19世纪80年代前后,中外贸易总的发展趋势发生了重大变化,详见表2-1、表2-2、表2-3②。

---

① 列宁:《列宁选集》,人民出版社1960年版,第798页。
② 徐凤晨、赵矢元:《中国近代史》,辽宁人民出版社1982年版,第292页。

表 2-1　中外贸易货值（1872—1894 年）　　　　单位:海关平银两

年份	进口	出口	出入超
1872—1874	66105041	70484090	（出）4379049
1882—1884	75014563	68224073	（入）6790490
1887—1889	112643649	91736369	（入）20907280
1892—1894	149522309	115773453	（入）33748856

表 2-2　主要出口货物统计（1871—1894 年）　　　　单位:公担

年份	茶叶	生丝	大豆	棉花
1871—1873	1022159	37529	57506	8486
1881—1883	1238145	39345	84760	17473
1891—1893	1055064	59946	760522	290417

表 2-3　主要进口货物统计（1871—1894 年）

年份	鸦片（公担）	棉布（元）	棉纱（公担）	棉花（公担）	染料等（元）	煤油（公升）	糖（公担）	米（公担）	钢及铁（公担）	机器及工具（元）
1871—1873	37408	32013727	37791	151491	939550	—	125578	415933	142806	
1881—1883	42777	28493537	118020	106373	727688	176513915	43683	137940	273717	—
1891—1893	43558	44911705	704877	54567	2958720	—	477975	3650399	887337	1259176

　　从表 2-1 可以看出,中外贸易总额在增长,无论是进口贸易,还是出口贸易都在快速增长,中国已被卷入资本主义世界市场。中国从出超变为入超,且入超额在逐年增加。这说明中国封建的自然经济遭到严重破坏,人们需要越来越多的外国资本主义运来的工业品。而为了购买工业品,被迫廉价出售农产品和工业品。

　　从表 2-2 可以看出,中国出口货物,原以茶叶、生丝等农产品为大宗,棉花、大豆等出口较少。中法战争后,由于印度、日本茶叶在世界市场上与中国竞争,部分地排挤了中国茶叶市场,导致茶叶出口数量逐渐减少。中国对东北的开发和清政府对豆类出口的开禁政策,使中国大豆输出迅速增加。由于日本棉纺织业的发展,大量输入中国棉花,使棉花的出口量迅速增长。总之,发生上述变化的原因,主要是资本主义世界市场上的需要。这表明中国被资本主义掠夺了越来越多的生产资料。

从表2-3可以看出,进口货物中,原来鸦片占首要地位,棉纺织品占次要地位。中法战争后,鸦片开始让位于棉纺织品,而其他消费品的进口数量和品种都有明显的增加。其原因在于:19世纪80年代资本主义高度发展,商品价格相对降低,各资本主义国家争相向中国输出商品。

由于外国工业品的输入逐年增加,使中国自然经济受到严重破坏,手工业者和农民失业破产。"洋布、洋纱、洋花边、洋袜、洋巾入中国,而女红失业;煤油、洋烛、洋电灯入中国,而东南数省之柏树皆弃而不材;洋铁、洋针、洋钉入中国,而业冶者多无事投闲,此其大者。尚有小者,不胜枚举。所以然者,外国用机制,故工致而价廉,且成功亦易;中国用人工,故工笨而加费,且成功亦难。华人生计,皆为所夺"。[①]

2. 初步发展中的洋务运动存在的问题

在世界形势发生巨变的同时,中国在19世纪60年代开启了以"自强""求富"为目标的洋务运动。但是,洋务运动在其发展过程中却暴露出许多致命的弱点:洋务派既要发展近代企业,却又采取垄断经营、侵吞商股等手段压制民族资本;所兴办的企业一切仰赖外国,企图依赖外国来达到"自强""求富"的目的,无疑与虎谋皮;洋务企业的管理基本上仍是封建衙门式的;洋务派所办的军事工业完全由官方控制,经营不讲效益,产品质量低下;即使是官商合办和官督商办的民用企业,其管理大多也是由政府专派大员,用人理财悉

---

① 《郑观应集》(上册),上海人民出版社1982年版,第627页。

听调度,商人没有多少发言权,还要承担企业的亏损;企业内部极其腐败,充斥着营私舞弊、贪污受贿、挥霍浪费等官场恶习。

这些致命的弱点注定了在面对边疆危机以及西方列强对中国的经济侵略时,洋务运动不能有效地化解危机,也没能有效地抵御外国的经济侵略。一些有识之士已经认识到,洋务运动如果不改弦更张,仍然按照原有的轨道前行,不可能给中国带来希望,中国将如何实现富强,再一次引发人们深入思考。

(二)破解困局:反思下的近代中国文化变迁的新飞跃

19 世纪 70 年代,在一些官僚和地主阶级知识分子当中,出现了一种思想动向。这种思想带有资产阶级维新的性质,具有重要的思想启蒙的意义。到 19 世纪 80 年代,这种思想逐渐引起人们的注意,在社会生活中产生了显著的影响。具有这种思想的人主要以王韬、薛福成、马建忠、郑观应等为代表。他们大多从事过洋务活动并都有留学国外,或到国外考察,或到国外工作的经历,因此,他们对比中西,围绕洋务运动工业化存在的问题,探讨了富强之本、"富"与"强"孰先孰后、"民富"与"国富"孰先孰后等问题,他们的新思想、新观念是对洋务运动时期兴起的富强观、变局观、义利观等进行的一次矫正。

1. 富强观的新思考

在富强问题上,洋务派高唱"自强""求富""治国之道,在乎自强。"至于如何自强,他们认为:"自强以练兵为要,练兵又以制器为先。"而王韬、薛福成、马建忠、郑观应等人则先后提出了与洋务派不同的新观点、新认识。

在"富"与"强"的问题上,王韬提出"兵力"与"商力"的概念。所谓"兵力",就是建立一支近代的海陆军,以抵抗西方列强的入侵,就是求"强";所谓"商力",就是发展近代资本主义工商业,即"广贸易""开掘煤铁五金诸矿"

"兴织纤""造轮船""兴铁路"等，①就是求"富"。在"兵力"与"商力"的关系上，王韬指出："兵力之强，全在商力之富，以商力裕兵力。"②因此必须首先求"富"，"先富而后强"。③ 如何来求"富"，一是要有新观念。王韬抛弃和驳斥了地主阶级顽固派"重农抑商"的封建传统观念，主张学习西方资本主义列强的富强之术，提出了"恃商为国本""商富即国富"的主张，认为中国只有"恃商为国本"，才能"自握利权"，以实现国家富强。二是要有国家的帮助。通过中西比较，王韬发现："西国于商民，皆官为之调剂翼助，故其利溥而用无不足；而中国皆听商民之自为，且遏抑剥损之，故上下交失其利。"④因此，他主张"最要者莫如官商互为表里，虽名归商办，其实则官为之维持保护"。⑤ 三是要给企业以自由的空间。王韬的富强论不同于洋务派官员因求强而由政府控制和垄断资本主义工商业生产活动的思想。他主张对所兴办的近代新式企业，应仿照西方资本主义国家的办法，"许民间自立公司""其利皆公之于民""令富民出其资，贫民殚其力"，即中国近代企业应由私人资本投资，实行资本主义雇佣劳动制度来经营近代资本主义企业。

在"强"与"富"这一问题上，王韬与洋务派之间的区别在于，洋务派看重的是"强"，是军事工业的发展。洋务派虽然也注意到"富"的重要性，但是他们是着眼于国"富"，着眼于官办企业的"富"。而王韬则主张中国应效仿西方的富强之道，即富在强先，民富优于国富。也就是他所讲的："至于富强之术，宜师西法，而二者宜先富而后强，富则未有不强者也。揆悉中外情势者，可不觅为之计哉？""欲富国者，莫如足民。"⑥富强自洋务运动始，成为国人的共识，成为中国近代文化变迁的重要标志，但在"富"与"强"以及"国富"与"民

---

① 王韬：《弢园文录外编》，中华书局1959年版，第22页。
② 王韬：《弢园文录外编》，中华书局1959年版，第300页。
③ 王韬：《弢园文录外编》，中华书局1959年版，第300页。
④ 王韬：《弢园尺牍》，中华书局1959年版，第124页。
⑤ 王韬：《弢园文录外编》，中华书局1959年版，第302页。
⑥ 王韬：《弢园文录外编》，中华书局1959年版，第311页。

富"何者为先的问题上,在洋务运动时期经历了从以"强"为先到以"富"为先,从以"国富"为先到以"民富"为先的根本性转变。这一转变带来了中国文化从洋务化的文化变迁到资产阶级化的文化变迁,并引导着中国近代文化变迁的方向。

王韬与洋务派之间的最大区别,就是由谁来完成求富这一目标。洋务派认为应由政府创办的近代企业来完成,王韬则认为应由民间资本自由完成。

在富强问题上,马建忠指出:"治国以富强为本"①。所谓的"富"与"强",他认为应该是这样的:"讲富者以护商会为本,求强者以得民心为要,护商会而赋税可加,则盖藏自足;得民心则忠爱倍切,而敌忾可期。他如学校建而智士日多,议院立而下情达,其制造、军旅、水师诸大端,皆其末焉者也。"②在"富"与"强"的关系上,他提出:"国强基于国富,国富唯赖行商。"③所谓"护商会""行商",就是支持、鼓励、保护民族资本主义工商业的发展,这样才能实现民富,进而实现国富。

通过对中西文化的比较,薛福成指出:"昔商君之论富强也,以耕战为务。而西人之谋富强也,以工商为先,耕战植其基,工商扩其用也。然论西人致富之术,非工不足以开商之源,则工又为其基而商为其用。"④所以,国家要富强,必须发展工商业。在出使泰西后,薛福成认识到欧洲诸国依靠商务而富国强兵。"欧洲各国,以商务为本,富国强兵,全藉于商"⑤;同时藏富于民也依靠商务,"泰西诸国,竞筹藏富于民之法,然后自治自强,措之裕如……盖生财大

---

① 沈云龙:《近代中国史料丛刊》(第16辑),文海出版社1999年版,第11页。
② 沈云龙:《近代中国史料丛刊》(第16辑),文海出版社1999年版,第159页。
③ 《马建忠集》,辽宁人民出版社1994年版,第134页。
④ 丁凤麟、王欣之:《薛福成选集》,上海人民出版社1987年版,第540页。
⑤ 薛福成:《出使英法义比四国日记》,岳麓书社1985年版,第348页。

端,在振兴商务"①。由此他得出结论:"大抵谋国之道,强由于富,富生于庶。"②薛福成分析了"工"与"商"二者之间的关系,他指出:"泰西风俗,以工商立国,大较恃工为体,恃商为用,则工实尚居商之先。"③因此,薛福成认为工与商之间的关系为:工是开商之源的基础,商要恃工为体,并明确提出工实尚居商之先的见解。

在富强问题上,郑观应提出"兵战"和"商战"两个概念。"泰西各国以商富国,以兵卫商,不独以兵为战,且以商为战。"④进而分析了"兵战"和"商战"的区别,认为"兵之并吞,祸人易觉;商之掊克,敝国无形""兵战之时短,其祸显;商战之时长,其祸大"⑤。在分析"兵战"和"商战"利害得失基础上,面对西方列强两种侵略手段,郑观应认识到:"当今之世,与古昔情形不同,防外侮更重于防内患。"⑥所以郑观应主张以兵战对兵战,以商战对商战。郑观应更进一步分析了"兵战"和"商战"之间的辩证关系,提出了"习兵战不如习商战"的观点。郑观应认为"商战"和"兵战"是富与强的关系。建立一支先进的海陆军以"兵战"图强,发展近代资本主义工商业以"商战"求富。"商战"是"兵战"的物质基础,"国既富矣,兵奚不强"⑦"能富而后可以致强"⑧。西方列强"矢口称黄祸,调兵保商贾"⑨,由此郑观应认识到"兵战"是"商战"的保障和后盾。"非富无以保邦,非强无以保富,相需为用,乃能相济有成焉。"⑩

---

① 丁凤麟、王欣之:《薛福成选集》,人民出版社1987年版,第502页。
② 丁凤麟、王欣之:《薛福成选集》,人民出版社1987年版,第425页。
③ 丁凤麟、王欣之:《薛福成选集》,人民出版社1987年版,第482页。
④ 《郑观应集》(上册),上海人民出版社1982年版,第595页。
⑤ 《郑观应集》(上册),上海人民出版社1982年版,第586页。
⑥ 《郑观应集》(上册),上海人民出版社1982年版,第207页。
⑦ 《郑观应集》(上册),上海人民出版社1982年版,第602页。
⑧ 《郑观应集》(上册),上海人民出版社1982年版,第596页。
⑨ 《郑观应集》(下册),上海人民出版社1988年版,第1370页。
⑩ 《郑观应集》(上册),上海人民出版社1982年版,第232页。

王韬、马建忠、薛福成、郑观应等对比中西,指出固守传统的"重农抑商"政策是中国落后的重要原因之一。他们用事实对传统的"重农抑商"政策进行批判,使人们逐渐从落后的传统文化观念中解脱出来,促使人们接受一种新的文化观念。与此同时,他们又提出既适应历史规律,又符合中国发展需要的新的思想文化观念。

从王韬的"兵力""商力"到郑观应的"兵战""商战",他们把洋务运动工业化前十年的富强目标和口号进一步具体化,更具有可操作性。而最为重要的是,它更进一步深入人心,更容易为人所接受,中国人投资工业化更具有了文化基础。富强真正成为我们文化的重要组成部分。

2. 变局观的新建构

洋务运动时期的工业化发展之所以举步维艰,与顽固派的抵制、反对具有直接的关系,顽固派是反对工业化的主要力量。洋务运动时期的工业化要得以顺利发展,就必须清除顽固派对工业化的影响力。为此,王韬、马建忠、薛福成、郑观应等从批判传统的重农抑商政策入手,批判顽固派的守旧的世界观念,为中国人构建新的世界观念。

19世纪后期,在洋务运动的发展进程中产生了一种新的文化观——变局观。

19世纪60年代初期,冯桂芬在《制洋器议》一文中,开篇即说:"有天地开辟以来未有之奇愤,凡有心知血气,莫不冲冠发上指者,则今日之以广运万里地球中第一大国而受制于小夷也。"这可以说是变局观的雏形。19世纪60年代中期,王韬、薛福成、李鸿章、丁日昌等都较为系统地阐述了变局观,其中最具代表、最具影响的是薛福成的论述,他指出:"自古边塞之防,所备不过一隅,所患不过一国。今则西人于数万里重洋之外,飙至中华,联翩而通商者不下数十国。其轮船之捷,火器之精,为亘古所未有。恃其诈力,要挟多端。违一言而瑕衅迭生,牵一发而全神俱动。智勇有时而并困,刚柔有时而两穷。彼又设馆京师,分驻要口,广传西教,引诱愚民。此固天地适然之气运,亦开辟以来之变局也。"①薛福成等认识到,在19世纪60年代的中华大地上发生了一些重大变化:中国所患已不是北方的少数民族政权,而是西方列强;中国的生产力远远落后于西方;中国的对外政策已不适用于对待西方列强;中国的文化面临西方的冲击。薛福成等更进一步认识到,这些变化不是偶然的,是具有历史必然性的,是客观事物发展的必然结果,由此而提出"数千年未有之变局"的观点。

19世纪70年代后,变局观为更多的人所接受和阐发,他们包括皇室贵族、王公大臣、一般文官和从事洋务运动的知识分子。在时人的大量文集中,随处可见"变局观"的文字。这足以证明,到19世纪70年代,"变局观"已成为中国社会相当多的人的共识。李鸿章的一段话当是19世纪70年代后的"变局观"的较为全面的概括,他说:"历代备边多在西北,其强弱之势,客主之形皆适相埒,且犹有中外界限。今则东南海疆万余里,各国通商传教,往来自如,麇集京师及各省腹地,阳托和好之名,阴怀吞噬之计,一国生事,诸国构煽,实为数千年未有之变局。轮船电报之速,瞬息千里;军器机事之精,工力百倍;炮弹所到,无坚不摧,水陆关隘,不足限制,又为数千年来未有之强敌。"②

19世纪70年代后的"变局观"论者群体都认识到,中国面临"数千年未有之变局""数千年未有之强敌",面对这一变局,我们必须因势而变、因时而变,但怎样变? 19世纪70年代后,围绕如何变,"变局观"的发展分成了两个潮流:以洋务派官僚为代表的一部分人,只要求变"器";以王韬、马建忠、薛福成、郑观应为代表的一部分人则要求在变"器"的基础上,也要相应的变"道",他们的"变局观"代表了19世纪70年代后中国"变局观"的方向。他们转变为早期资产阶级改良派,为中国近代思想文化史揭开了新的篇章。

可以看出,19世纪70年代后的"变局观"与19世纪60年代的"变局观"

---

① 丁凤麟、王欣之:《薛福成选集》,上海人民出版社1987年版,第551页。
② 中国史学会:《洋务运动》(一),上海人民出版社1961年版,第41页。

相比,更清醒地认识到西方之图谋:吞噬中国;中西之强弱:西强我弱。

"变局观"是对中国传统的"天不变道亦不变"的因循守旧观的突破,先进的中国人并没有在敌强我弱的变局中丧失信心,而是开展了自强不息的不懈探索。

"变局观"论者一方面指出西方列强入侵给中国带来的危害,另一方面又指出中国应适应这一"变局",寻求发展之策。王韬认为:"天之聚数十西国于一中国,非欲弱中国,正欲强中国,非欲祸中国,正欲福中国。故善为用者,可以转祸而为福,变弱而为强。不患彼西人之日来,而但患我中国之自域。"①在中弱西强的态势中,要转弱为强,关键在于"善为用者"。所谓"善为用者",就是要充分利用西方的文明,强大自己,绝不能画地为牢,自我封闭,拒绝西方文明,而在转弱为强的进程中最大的隐患则是自我封闭,即王韬所说的"自域"。基于此,王韬强调"变"的重要性,即他所说:"事贵变通,势无中立,今在中土既创开辟以来未有之变局,亦当为开辟以来未有之事,则应不至甘居乎西国之后。"②在"数千年未有之变局"中,中国要转弱为强,唯有变革才能后来居上。

马克思指出:"资产阶级,由于开拓了世界市场,使一切国家的生产和消费都成为世界性的了。……过去那种地方的和民族的自给自足和闭关自守状态,被各民族的各方面的互相往来和各方面的互相依赖所代替了。"③资产阶级"把一切民族甚至最野蛮的民族都卷到文明中来了。它的商品的低廉价格,是它用来摧毁一切万里长城、征服野蛮人最顽强的仇外心理的重炮。它迫使一切民族——如果它们不想灭亡的话——采用资产阶级的生产方式"。④1865 年的王韬也理性地认识到,世界各民族国家间的相互交往已经成为一种常态:"以时局观之,中外通商之举,将与地球相终始矣。"⑤同时也认识到这种

---

① 王韬:《弢园文录外编》,中华书局 1959 年版,第 42 页。
② 王韬:《弢园文录外编》,中华书局 1959 年版,第 103 页。
③ 《马克思恩格斯选集》(第 1 卷),人民出版社 1972 年版,第 254—255 页。
④ 《马克思恩格斯选集》(第 1 卷),人民出版社 1972 年版,第 254—255 页。
⑤ 王韬:《弢园文新编》,生活·读书·新知三联书店 1998 年版,第 253 页。

交往是前所未有的巨变:"今日之天下,乃地球合一之天下也""合地球东西南朔九万里之遥,胥聚之于以中国之中。此古今之创事,天地之巨变"①。世界之变局冲击着中国的传统文化,其深度、广度、力度是空前的。"世变至此极矣。中国三千年以来所受之典章制度,至此而几将播荡渐灭,可不惧哉。"②世界之变局对中国产生的影响,既是客观法则作用的结果,是不以人们的意志为转移的;又是人类实践作用的结果,是需要我们认真应对的。正如他所说:"导我以不容不变者,天心也;迫我以不得不变者,人事也。"③

但是,清政府中的顽固派不了解已经发生巨变的世界,"而曰徒戎攘夷"④,妄图恢复到闭关锁国时代,实乃迂腐。而洋务派尽管承认世界已发生了巨变,但在面对巨变而采取的应对措施上却本末倒置,是舍"本"而逐"末"。⑤"惟所惜者,仅袭皮毛,而即嚣然自以为足,又皆因循苟且,粉饰雍容,终不能一旦骤臻于自强。""使徒恃西人之船坚炮利,器巧算精,而不师其上下一心,严尚简便之处,则犹未可与权。"⑥要改变这种局面,实现洋务运动发起时所倡导的"自强"和"求富"的目标,王韬认为必须学习西方,强调:"至今日而欲办天下事,必自欧洲始,以欧洲诸大国为富强之纲领,制作之枢纽。"⑦王韬这一主张实际上是否定了举办洋务运动的思想、方法、观念等,希望学习并使用西方的"富强之纲领,制作之枢纽",来指导洋务运动时期的工业化。他之所以抛弃原有的指导洋务运动时期工业化的思想、方法、观念,代之以西方先进的"富强之纲领,制作之枢纽",是因为时代在发展,实践在发展变化,指导实践的思想和方针必须与时俱进,即他所言:"天下事未有久而不

---

① 王韬:《弢园文新编》,生活·读书·新知三联书店 1998 年版,第 102 页。
② 王韬:《弢园文新编》,生活·读书·新知三联书店 1998 年版,第 102 页。
③ 王韬:《弢园文新编》,生活·读书·新知三联书店 1998 年版,第 16 页。
④ 王韬:《弢园文新编》,生活·读书·新知三联书店 1998 年版,第 253 页。
⑤ 王韬:《弢园文新编》,生活·读书·新知三联书店 1998 年版,第 30—32 页。
⑥ 王韬:《弢园文录外编》,中华书局 1959 年版,第 33 页。
⑦ 王韬:《弢园文录外编》,中华书局 1959 年版,第 23 页。

变者也,上古之天下一变而为中古,中古之天下一变而为三代。"①王韬主张"富强之纲领,制作之枢纽",这种"纲领"和"枢纽"完全不同于中国旧有的做法,也是中国从未有的,既是技术层面,又是制度层面;既有经济层面,又有政治层面。因此,学习这种"纲领"和"枢纽"就意味着变革。

19世纪七八十年代,薛福成就提出:"方今中国疆圉辽阔,防不胜防。而泰西诸国航海东来,实为数千年未有之创局,其势断不能深闭固拒。"②从这段文字我们可以看到,薛福成也认识到世界格局已发生了重大转变,其主导者是西方列强。之所以是"数千年未有之创局",是因为古老的中国数千年来的主要威胁是北方的游牧民族,而如今却变为西方列强;是因为中央王朝或中原汉族文化是能够解除北方游牧民族的威胁,而如今不但不能解除西方列强的威胁,而且有日益加重的倾向;是因为中国与世界的关系已由"华夷隔绝之天下一变为中外联属之天下"。从人类历史发展的长河看,这一变局既不是第一次,也不是最后一次,更不是唯一一次。时代是在不断发展的、不断变化的,"数百年小变,数千年大变",因此,面对这一重大变局,中国已不能固守"天不变道亦不变"的理论教条,采取闭关锁国的政策。因为"若事必拘守成法,恐日即于危弱,而终无以自强"③。治国之道是:必须适应时代发展的需要而有所改变和调整,"一世变小则治世法因之小变,世变大则治世法因之大变"。

在这"数千年未有之创局"中,"华夷隔绝之天下一变为中外联属之天下"是无法改变的,也不能改变,也不应该改变,而我们要改变的是中国所处的弱势地位和被动局面,最终使自己成为主导力量并赢得主动。为此,薛福成提出:"欲求驭外之术,惟有力图自治,修明前圣制度,勿使有名无实;而于外人所长,亦勿设藩篱以自隘。斯乃道器兼备,不难合四海为一家。"④

---

① 王韬:《弢园文录外编》,中华书局1959年版,第13页。
② 丁凤麟、王欣之:《薛福成选集》,上海人民出版社1987年版,第88页。
③ 丁凤麟、王欣之:《薛福成选集》,上海人民出版社1987年版,第142页。
④ 丁凤麟、王欣之:《薛福成选集》,上海人民出版社1987年版,第103—104页。

李鸿章也认为，只要上下勠力同心，以图自强，"则敌国外患，未必非中国振兴之资"①。

"变局观"是洋务派兴办洋务运动的理论依据，同时也是批判和驳斥顽固派的理论武器。洋务运动兴起后，顽固派和洋务派进行了三次论战，顽固派坚持"祖宗成法""万世不变"，指责洋务派办洋务是"师事夷人""用夷变夏"。洋务派则用"变局观"来批驳顽固派，明确指出时移世易，"学其适用，事贵因时"，②谴责顽固派因循守旧。王韬指出："即使孔子而生乎今日，其断不拘泥古昔而不为变通。"③薛福成则认为，洋务事业都是"为事机所迫"的"最为当务之急"④。如果无视"变局"，一味因循守旧，不兴办洋务以图自强，必然误国，如李鸿章所言："士大夫囿于章句之学，而昧于数千年来一大变局；狃于目前苟安，而遂忘前二三十年之何以创巨而痛深，后千百年之何以安内而制外。"⑤要避免这一局面出现，就必须兴洋务，师洋人，最终实现自强。"变局观"论者设想通过"师而法之""比而齐之""驾而上之"三个阶段，最终实现国富民强。这也充分表达了"变局观"论者的民族自信心。"变局观"既是驳斥顽固派的理论武器，同时也在与顽固派的论争中得到了社会的认可和赞同，社会各阶层在"变局观"的旗帜下，把中国的工业化推到了一个新的阶段。

"变局观"是继林则徐、魏源提出的"师夷长技以制夷"主张之后更多的先进中国人睁眼看世界得出的又一个重要结论，它是对中国传统文化中的"天不变道亦不变"这一思想文化观念的重大突破，是中华民族意识觉醒的重要标志。在西方资本主义文明到来之前，中华文明一直遥遥领先，中国士大夫为之骄傲，也使中国士大夫们产生了一种文明优越感，视中国为天朝上国，视外国为蛮夷之邦，进而又产生了华夏中心观。当西方资本主义文明兴起并东来

---

① 中国史学会：《洋务运动》（一），上海人民出版社1961年版，第206页。
② 中国史学会：《洋务运动》（二），上海人民出版社1961年版，第25页。
③ 王韬：《弢园文录外编》，中华书局1959年版，第161页。
④ 丁凤麟、王欣之：《薛福成选集》，上海人民出版社1987年版，第103页。
⑤ 中国史学会：《洋务运动》（五），上海人民出版社1961年版，第119页。

后,华夏中心观成为中国学习西方文明的严重障碍。落后就要挨打,改变落后面貌的基本方法之一就是向强者学习、向敌人学习。自19世纪60年代以来,部分中国士大夫们直面世界、直面现实,承认中国面临一个残酷的现实:"数千年未有之变局""数千年未有之强敌",他们毅然决然地抛弃了"华夏中心观",提出了具有划时代意义的"变局观",并公开声称学习西方、赶超他们。

"变局观"虽萌生于鸦片战争期间,但到了19世纪60年代,特别是19世纪70年代才成为一种社会思潮,才成为先进的中国人的行动指南。"变局观"蕴含着"师夷长技"的思想,但比"师夷长技"更全面、更深刻。两千多年所形成、秉持的"华夏中心观"正在被时代所摒弃,"变局观"正在被越来越多的人所接受和认可,中华民族思想文化发展史上一个新的时期到来了。承认落后、不甘落后、变革自强,自然而然成为"变局观"的核心思想。

"变局观"论者常以春秋战国比附当下的"变局",在这样的比较中,中国的天下中心岌岌可危,甚至有"步周天下灭亡的后尘"之忧。在列强竞相角逐、瓜分中国的情况下,为了避免重蹈覆辙,"变局观"论者意在警告国人必求自强。"变局观"论者借用中国传统的"天心说""运会说""气运说"来认识1840年以来中国的政治、经济、文化所面临的冲击和挑战,但其背后却使用了"富""强"这样的新概念和由弱转强的辩证法思维,正是从这个意义上讲,变局观也是一种文化观。

3. 道器观的新含义

"变局观"意味着以中国为天下中心的观念的改变,中国已不再是世界的中心,"变局观"提出的目的就是变革自强,使中国重新回到世界的中心。而此时的世界已经不是彼时的世界,正如马克思在《共产党宣言》中所说:"我们的时代,资产阶级时代。"此时的世界已经不是封建统治占主导的世界,而是一个资本主义制度占统治地位的世界,是一个封建制度等一切落后的制度被逐渐消灭的世界。一个半封建半殖民地的中国要重新回到这样一个世界的中心，就必须发展资本主义先进生产力。当时资本主义先进生产力的最高水平就是工业化，工业化意味着大机器的广泛使用，意味着机器生产代替手工劳动。

洋务运动时期的工业化是从引进西方的机器设备开始的，对于机器的引进和使用，当时中国人担心"广用机器，不啻夺贫民生计，俾不能自食其力"。针对这一担忧和顾虑，薛福成提出了"机器殖财养民说"。他认为机器之所以能够养民，就在于机器制造具有手工劳动无法取代的优势：一是机器制造能够生产更多产品，能使人们获得质良、价廉的商品；二是机器制造比手工劳动更有效率，能创造更多的产品，满足人们的需要，不会出现手工劳动导致货源不足、竞相争购的问题；三是机器制造的产品产量不断增加，其价格有竞争优势，有利于民生。反观中国，人口众多，采用手工劳动进行生产，会出现"人所能造之物，而我不能造者"；产量低、价格高，"不能与西人之物相抗"①等问题。因此，他谴责那些反对使用机器的人，"守不用机器，调剂贫民之说者，皆饥寒斯民，困厄斯民者也"②。他极力主张使用大机器生产，"西洋用机器之各厂，皆能养贫民数千人，或数万人，盖用机器以造物，则利归富商，不用机器以造物，则利归西人。利归富商，则利犹在中国，尚可分其余润，以养我贫民。利归西人，则如水渐涸，而禾渐萎，如膏渐销，而火自灭，后患有不可言者矣！"③

为了提倡发展近代机器工业，陈炽提出了"机器养民"说。他严厉指责阻挠机器工业发展的顽固派，是"实暗保洋货之来源，暗绝华民之生路""而贫中国弱中国之大罪人"④。他认为开设工厂，使用机器生产，不仅不会夺民生业，相反却正是为了养民，是为了贫民免致饥冻死亡之地。因为开设工厂后，就可吸收大量无业者参加劳动以解决就业问题。他说："每厂工作万

---

① 丁凤麟、王欣之：《薛福成选集》，上海人民出版社1987年版，第420页。
② 丁凤麟、王欣之：《薛福成选集》，上海人民出版社1987年版，第420页。
③ 丁凤麟、王欣之：《薛福成选集》，上海人民出版社1987年版，第421页。
④ 赵树贵、曾丽雅：《陈炽集》，中华书局1997年版，第163页。

人,或数千人,少亦数百人。使中国各行省工厂大开,则千万贫民立可饱食暖衣,安室家而养妻子。"所以,"天下穷民谋食之路,惟机器工作厂为最佳,亦惟机器工作厂为最易,使居者制以为器,则外财可入而内患潜消矣。此开天庾以赈之之法也"①。

与薛福成、陈炽相比,郑观应更为重视机器工业的作用。他指出:"论商务之原,以制造为急,而制造之法,以机器为先。"②发展机器工业是振兴商务的先决条件,因为"独是商务之盛衰,不仅关物产之多寡,必视工艺之巧拙。有工翼商,则拙者可巧,粗者可精"③。发展机器工业不仅可以生产大量的巧、精商品以供贸易,而且大机器工业能生产出大量的物美价廉的商品进入市场,与外国侵略者进行竞争,抵制外国资本主义的经济入侵。

总之,"机器"一词产生于19世纪30年代;直到19世纪60年代的洋务运动时期,"机器"一词开始使用起来;19世纪70年代以后,随着早期维新派的大力提倡,"机器"一词开始流行开来。"机器"意味着速度、效率、工作、温饱等,这无疑对广大民众具有极大的吸引力,"机器"及其作用逐渐被人们认可,"机器"正式成为中国文化的一部分,机器在随后的工业化中的广泛使用也理所当然。

"道"与"器"是中国古代的一对哲学范畴。"道"是无形象的,含有规律和准则的意义;"器"是有形象的,指具体事物或名物制度。道器关系实即抽象道理与具体事物的关系,或相当于精神与物质的关系。洋务运动时期,机器的引进和使用,大大改变了中国人对"器"的认识,机器作为"器"的一种登堂入室。机器作为一种"器",我们把它引进到中国,其目的是护"道"。随着洋务运动的发展,人们发现本是护"道"的"器",却受到"道"的挤压,致使"器"不能发挥其应有的作用,"器"与"道"产生了矛盾,以"器"护"道"的目的无法

---

① 赵树贵、曾丽雅:《陈炽集》,中华书局1997年版,第228—230页。
② 《郑观应集》(上册),上海人民出版社1982年版,第627页。
③ 《郑观应集》(上册),上海人民出版社1982年版,第627页。

实现。近代西方的大机器作为一种"器"是当时世界最先进的,是中国重新回到世界的中心不可或缺的工具和手段,我们不能放弃这种"器",但它又不能护传统之"道"。于是,当时中国人的另一种选择就是以"器"求"道",就是寻找适合"器"发展的"道"。早期维新派就是这样开始了最初的探索。

何为"道",何为"器",王韬坚持了《周易》的观点,即形而上者谓之道,形而下者谓之器,在"道"与"器"的关系问题上,提出了"器"中有"道"的观点。他说:"火轮舟车皆所以载道而行者也。"①也就是说,近代资本主义大工业之"器"含有制度、精神、文化之"道"。既然"器"中有"道",当我们不能大范围地推行我们自认为先进的"道",那么我们可通过推行含有先进之"道"的"器",逐渐推行先进之"道",即他主张的"道不能即通,则先假器以通之"②。

王韬在为《易言》作的跋中,在论及"道"与"器"时,他认为:"夫形而上者道也,形而下者器也。杞忧生③之所欲变者器也,而非道也。"④郑观应则在"《盛世危言》增订新编凡例"一文中再次强调:"道为本,器为末,器可变,道不可变,庶知所变者富强之术,非孔孟之常经也。"⑤从王韬对郑观应的"道"与"器"的解读以及郑观应本人对"道"与"器"的再确认,可以看出,凡不是孔孟之常经的且有利于富强的,都可以看作"器",由此可以进一步推断,西方君主立宪、议会制度都应被视为可变之"器",其用意旨在中国推行西方君主立宪、议会制度等政治制度,以实现中国富强。

早期维新派对近代资本主义大工业之"器"的认识是比较明确的,同时他们对建立在近代资本主义大工业之"器"基础上的"道"也有比较一致的看法,而这个"道"就是西方君主立宪制的议会制度。

王韬认为,洋务派所搞的"自强",是"仅袭皮毛,而即嚣然自以为足,又皆

---

① 王韬:《弢园文录外编》,中华书局1959年版,第210页。
② 王韬:《弢园文录外编》,中华书局1959年版,第210页。
③ 郑观应的笔名——笔者注。
④ 《郑观应集》(上册),上海人民出版社1982年版,第166页。
⑤ 《郑观应集》(上册),上海人民出版社1982年版,第240页。

因循苟且,粉饰雍容,终不能一旦致臻于自强"①。他认为学习西方,寻求富强,不仅要仿照西方国家由私人资本举办新式工矿企业,而且还应进行相应的政治改革。因为"徒恃西人之舟坚炮利,器巧精算,而不师其上下一心严尚简便之处,则犹未可与权"②。他主张效仿英国君主立宪的议会制进行政治制度改革,之所以主张参照英国进行政治改革,是因为他认为英国的议会制度能"通下情"。因此,他认为:"中国欲谋富国,固不必别求他术也,能通上下之情,则能地有余利,民有余力,闾阎自饶,盖藏库帑无虞匮乏矣。"简言之,他认为:"上下之情通,君民之分亲"乃是"富强之本"。③

薛福成认为,西国富强之原约有五大端,即通民气,保民生,牖民衷,养民耻,阜民财。"有此五端,知西国之所以坐致富强者,全在养民教民上用功。而世之侈谈西法者,仅曰'精制造,利军火,广船械',抑末矣!"④国家的富强是综合因素共同作用而形成的综合国力的富强,而不是某一领域的富强,洋务运动的错误就在于只追求军事领域的强大而忽视其他领域的发展,最终军事领域的强大也化为泡影。薛福成注意到西方诸国的富强与政治制度具有密切的关系,他本人推崇英、德两国的政治制度。他认为:"美国则民权过重;法国则叫嚣之气过重;其斟酌适中者,惟英、德两国之制颇称尽善。"⑤薛福成的用意就是主张在中国进行大机器生产的同时,进行相应的改革,建立类似于英、德之制度,促进中国工业化的发展。

郑观应认为,西方诸国"富强之本,不仅在船坚炮利,而在议院上下同心,教养得法。兴学校,广书院,重技艺,别考课,使人尽其才。讲农学,利水道,化

① 王韬:《弢园文录外编》,中华书局1959年版,第183页。
② 王韬:《弢园文录外编》,中华书局1959年版,第104页。
③ 王韬:《弢园文录外编》,中华书局1959年版,第231页。
④ 薛福成:《出使四国日记》(光绪十六年九月十八),湖南人民出版社1981年版,第207页。
⑤ 《出使四国日记》(光绪十六年九月十八),湖南人民出版社1981年版,第154页。

瘠土为良田,使地尽其利。造铁路,设电线,薄税敛,使物畅其流"①。郑观应道出了富强不仅仅是武器的先进,他把设议院列为富强之本的首要条件,因此,他认为挽救民族危亡,发展资本主义工商业以自强,必须设议院。"欲行公法,莫要于张国势,欲张国势,莫要于得民心,欲得民心,莫要于通下情,欲通下情,莫要于设议院。"②

如果说道器之辨在 19 世纪 60 年代主要是在理论和思想层面的讨论,也可以说是在思辨层面的讨论,那么进入 19 世纪 70 年代后,道器的讨论则更注重实践层面的讨论。王韬、薛福成、郑观应都认识到适应"器"所需要的"道",是西方君主立宪制的议会制度。这样伴随早期维新思想的传播,隐藏于"道""器"背后的君主立宪、议会等词语走进人们的视野,并逐步深入人心,成为中国文化的重要组成部分,这是完全不同于中国传统社会中的政治制度的名词。

4.国本观的新阐发

不管反动派怎样惋惜,资产阶级还是挖掉了工业脚下的民族基础。古老的民族工业被消灭了,并且每天都还在被消灭。他们被新的工业排挤掉了,新的工业的建立已经成为一切文明民族的生命攸关的问题。③ 在 19 世纪 60 年代,其本意是挽救清政府的统治危机、维护封建制度的洋务运动,却在客观上不自觉地顺应了世界历史潮流,开启了中国近代工业建设的篇章。而中国近代工业建设就如同马克思所说,它是中华民族的生死攸关的问题和根本。19 世纪 70 年代是洋务运动发展的关键时期,恰恰就在这一时期,清政府统治集团内部的顽固派不识天下大事,对洋务运动进行攻击。他们顽固地认为:"立国之道,尚礼仪不尚权谋;根本之图,在人心不在技艺。"④在此种情况下,国人

---

① 《郑观应集》(上册),上海人民出版社 1982 年版,第 233 页。
② 《郑观应集》(上册),上海人民出版社 1982 年版,第 233 页。
③ 《马克思恩格斯选集》(第 1 卷),人民出版社 1972 年版,第 254 页。
④ 《筹办夷务始末》(同治朝,卷 47),中华书局 1964 年版,第 24 页。

以王韬、马建忠、薛福成、郑观应等为代表,批驳了顽固派的观点,提出了较为系统的国本观。

王韬提出"恃商为国本"的主张。王韬认为鸦片战争后,中国民贫国弱的原因在于:"中国自古以来重农而轻商,贵谷而贱金,农为本富而商为末富。"①因而他指出:"通商之益有三,工匠之娴于艺术得以自食其力,游手好闲之徒得有所归,商富即国富,一旦有事,可以供输糈饷。此西国所以恃商为国本欤。"②王韬认为,"商"应包括两方面的内容:"西人工于贸易,素称殷富,五口输纳之货税,每岁所入不下数百万,江南军饷传输,借以接济,此海禁大开,国内以裕,一利也。西人船坚炮利,制度精良,所造火轮舟车,便于行远,织器田具,事半功倍。说者谓苟能仿此而行,则富强可致,而情既悉,秘钥可探,亦一利也。"③也就是说,商不仅包括商业,而且还包括近代工业。

薛福成提出"工商立国"的主张。薛福成在出使西欧各国后,对中国传统的重本抑末思想进行了批判,指出:"夫商为中国四民之殿,而西人则恃商为创国造家、开物成务之命脉,迭著神奇之效者,何也?盖有商则士可行其所学而学益精,农可通其所植而植益成,工可售其所作而作益勤,是握四民之纲者,商也。"④薛福成认识到商业的重要性,但他并没有否定其他产业的重要性,特别是关于近代工业与商业的关系,他做了比较全面的阐述,认为:"非工不足以开商之源,则工又为其基而商为其用。"既然近代工业生产是商业的本源和基础,因此他呼吁清政府效法西方列强,大力发展资本主义工商业。

郑观应提出"以商立国"的主张。郑观应认识到时移世易,必须根据形势的变化对国家的政策作出调整。他指出:"中国以农立国,外洋以商立国。农之利,本也,商之利,末也,此尽人而能言之也。古之时,小民各安生业,老实不

---

① 《筹办夷务始末》(同治朝,卷47),中华书局1964年版,第37页。
② 王韬:《弢园文录外编》,上海书店出版社2002年版,第300页。
③ 赵靖、易梦虹:《中国近代经济思想史资料选辑》(中册),中华书局1982年版,第23页。
④ 丁凤麟、王欣之:《薛福成选集》,上海人民出版社1987年版,第578页。

相往来,故粟布交易而止矣。今也不然,各国兼并,各图利己,藉商以强国,藉兵以卫商,其订盟立约,聘问往来,皆为通商而设。英之君臣,又以商务开疆拓土,辟美洲,占印度,据缅甸,通中国,皆商人为之先导。彼不患我之练兵讲武,特患我之夺其利权,凡致力于商务者,在所必争。"①面对这种新形势、新变化,他主张必须彻底抛弃"崇本抑末之旧说"②,确立"国以商为本"的思想,振兴商务,最终实现"商务日振,国势日强,民生日富"③。郑观应提出了"商为国本"的观点,则意味着商业在国民经济中占据首要地位,但他又从学习西方世界认识到:"论商务之源,以制造为急;而制造之法,以机器为先。"④所以他从不忽视生产的重要性,而且还特别重视近代工业生产的重要性。"泰西……无物不用机器,既事半而功倍,亦省工而价廉,一切所制又复精巧绝伦,故能运之来,推行尽利,我国……苦于无机器,以致窳窮不精,难于销售。"⑤近代中国没有机器工业生产是我们商业落后的重要原因之一。

以王韬、马建忠、薛福成、郑观应为代表,他们通过对"商"的强调,一方面来否定传统的重本抑末思想,另一方面又通过中国人都熟悉的"商",来让中国人进一步认识到发展近代工业的重要性,这是他们不断阐发国本论的关键所在,把传统的、耳熟能详的"商"的概念赋予新的内涵,也是文化转型的意义所在。

随着他们的不断宣传和鼓动,商本观念无疑在逐渐改变着近代中国传统的商业观念,并对社会、经济的发展产生了深远的影响。

商战是商家间激烈的商业竞争,早期维新派把商战从一个企业生存策略转变为实现国富民强的策略,被纳入求强求富的国家建设中,使之获得了社会的广泛认可。而且更为重要的是,隐藏在商战背后的竞争意识在中国社会逐

---

① 《郑观应集》(上册),上海人民出版社1982年版,第614页。
② 《郑观应集》(上册),上海人民出版社1982年版,第607页。
③ 《郑观应集》(上册),上海人民出版社1982年版,第615页。
④ 《郑观应集》(上册),上海人民出版社1982年版,第627页。
⑤ 《郑观应集》(上册),上海人民出版社1982年版,第602页。

渐扩散并被更多人所接受和认可,以至于今日。

5. 义利观的再突破

商与利是一对相伴而行的概念,言商必言利。近代中国言商,冲击着中国传统的义利观,以王韬、马建忠、薛福成、郑观应等为代表,国人在确立商在中国的地位后,又对传统的义利观、财富观进行了批判和修正。

19世纪70年代,洋务派开始兴办民用企业,其目的之一就是"稍分洋商之利"。而兴办民用企业的实践,也意味着洋务派肯定了民间的谋利行为的正当性。这些都表明洋务派已不再奉重义轻利为圭臬,与顽固派相比,洋务派的义利观对近代中国工业化的发展具有一定的进步意义。但同时也要看到,洋务派对"义"的解释仍然停留在过去,没有超越传统,即所谓:"宋代学术之中正、风俗之洁清,远过汉、唐,国脉既厚,故虽弱而不亡。宋儒重纲常,辨义利,朱子集其成。"①洋务派的"利"在一定意义上和一定程度上代表了正在兴起的先进生产力,但是洋务派的"义"仍然停留在传统的占统治地位的上层建筑上,这二者是矛盾的,是不利于"利"的发展的。要使"利"得以顺利发展,必须冲破传统的"义"的观念,这一任务则是由以王韬、薛福成、陈炽、何启、胡礼垣等为代表的早期维新派完成的。

顽固派坚持儒家传统的义利观,反对洋务运动时期出现的新的义利观,对此,早期维新派以古代圣人为例,证明自古以来圣人们是既言义又言利的,其目的是为"利"正名。陈炽认为:"圣人立身行义,舍生取义,而治国平天下之经,不讳言利,且日亟亟焉谋所以利之者,圣人之仁也,即圣人之义也。盖为天下之中人计也,公其利于天下,薄其利于万民,即以食其利于国家,享其利于天下,故天下之工于言利者,莫圣人若也。"②既然圣人们不但既言义又言利,而且又特别擅长于言利,那么我们普通人言利、求利、逐利,也是正当的、合乎道

---

① 张之洞:《劝学篇》,上海书店出版社2002年版,第12页。
② 赵树贵、曾丽雅:《陈炽集》,中华书局1997年版,第273页。

德的。

早期维新派在为"利"正名的同时,也注意到"利"的公私之分,并特别强调私利的发展并非有害于公利,而恰恰相反,私利的发展是有利于公利的。何启、胡礼垣等通过对中国历史和现状的分析和对比,来阐述公利和私利的关系。他们指出:"中国之目商务中人,必曰奸商,不知求利乃人之本心,今有执途人而告之曰我不求利,则人必谓之奸;有执途人而告之曰我欲求利,则人必谓之忠。彼则言不由衷,此在言以明志也。故求利者国家不禁,特求之需有方耳。如有其方,则禁锢所无,尤当乐助。何也? 非利一人所能独擅。此理已具于生初,积粟千钟,日食不过数升之米,广厦千万,夜眠不过数尺之床,备物虽多,赡身而止。放晏平仲之禄,惠及乡邻,陶朱公之财,润沾里党,是人之所利于己,必能利于人,必至累于世。通商者之有道,将欲利己而利人也。"①既然求利是人的本性,则人人皆具有,那么商人求利就无可厚非,并且商人求利不仅利己而且也有利于他人。薛福成则通过对比中西,来阐述公利与私利的关系。他通过对欧洲诸国的考察,注意到欧洲诸国"于振兴商务之道,无不精心研究,其纠合公司之法,意在使人各遂其私求;人人之私利既获,而通国之公利寓焉"②。而在中国,求"利"则出现完全不同于西方的境遇,"凡一言及利,不问其为公为私,概斥之为言利小人"。面对这样一种氛围和舆论环境,则出现了"在上者不肯保护商务,在下者不肯研索商情"的情形,这极不利于中国商业和对外贸易的发展,并导致在对外贸易中,"中国之财,每岁流入外洋者白金二三千两"③。为此,郑观应疾呼"言利"乃"天下之常经也"④。薛福成同样认识到追求私利无碍于社会公利的增进,二者之间可以相向而行,"惟人人欲济其私,而无损公家之帑项,终为公家之大利"⑤,二者是可以共同增长的,无

---

①　何启、胡礼垣:《新政真诠》,辽宁人民出版社 1994 年版,第 131—132 页。

②　丁凤麟、王欣之:《薛福成选集》,上海人民出版社 1987 年版,第 612 页。

③　丁凤麟、王欣之:《薛福成选集》,上海人民出版社 1987 年版,第 612 页。

④　丁凤麟、王欣之:《薛福成选集》,上海人民出版社 1987 年版,第 541 页。

⑤　丁凤麟、王欣之:《薛福成选集》,上海人民出版社 1987 年版,第 612 页。

损于社会福利。

中国封建社会商业不发达,既有大环境原因,也有小气候的因素;既有政策原因,又有观念作祟。鸦片战争后,导致中国封建社会商业不发达的大环境、小气候等因素都在逐渐改变,而当时清政府的顽固派仍抱残守缺,不知进取,很容易使中国坐失发展的良机。面对变化的世界和中国,薛福成试图从对中国传统义利观的反思和批判的角度,来呼吁发展中国的工商业,以实现富国强兵。

早期维新派从人性出发论证求"利"的正当性、合理性,进而从私"利"出发论证个人逐利的社会进步性,其目的在于证明个人求"利"对中国富强的极端重要性。

"义"与"利"的关系是辩证统一的,"利"是"义"的基础,"义"是"利"的价值导向。没有离开"义"的"利",也没有离开"利"的"义"。离开"义",谈"利",则"利"亡;离开"利",谈"义",则"义"灭。既没有抽象的"义",也没有抽象的"利"。在19世纪70年代,中华民族所追求的"利"最主要的就是发展近代企业,实现工业化,以此达到富国强兵的目的。同样,在19世纪70年代,追求"义"就是采用各种办法和手段追求和保证"利"的实现。

义利之辨是一个古老而常新的命题。随着中国近代历史的展开,早期维新派针对新的实践,对义与利进行了重新解读以适应时代发展的要求,这是正确的。自鸦片战争以来,在中国,义与利是一个与民族、国家、人民相联系的概念,对于义与利的探讨不能离开民族复兴、国家富强、人民幸福这一重大历史主题。早期维新派面对顽固派的非难、围攻,在义与利的问题上,重点讨论"利"的合理性和进步性,这样有利于求"利"在封建势力仍占统治地位的中国得以开展,其最终目的是实现中华民族的伟大复兴。同时,早期维新派使"利"赋予了人性、民族性和人民性,使"利"跳出了个人私利这个狭小空间,具有了更为广阔的时空含义,这在本质上推动了中国文化的变迁。

6.科技思想的再强调

王韬在论述西方近代机器工业对国家富强的重要性的基础上,进一步分析了隐藏在机器工业背后的科学技术的重要性。"窃谓近一切西法无不从格致中出,制造机器皆由格致为之根抵,非格致无以发明其理,而宣泄其间奥,以是言之,格致顾不重哉! 惟是世之欲明格致者,都畏其难于入门,而不知无难也,在乎专心致志,触类旁通,即文字以发挥格致之理。"①格致即是西方的科学技术,王韬认为西方的机器及机器制造的产品的基本原理是"格致"。而欲明"格致之理",需要专心致志和触类旁通的本领,要获得此本领,王韬主张创办近代学堂。"设立学校,以收教士之实效。当令士子日夜肆习其中,必学艺成而后可出也。"②他鼓励青年学子要"以学时文之精神才力,专注于器艺学术"。王韬在认识到科学技术是机器以及机器制造的产品的基本原理的基础上,更进一步认识到科学技术对国家富强的重要性,"舟车之行踩电追风,水火之力缝幽凿险,信音之速瞬息千里,化学之精顷刻万变,几于神工鬼斧,不可思议,坐而言者可以起而行,利民生,裨国是,乃是荦荦大者"③。

郭嵩焘出使西洋后,对近代自然科学有了更为深入的了解和认识。他非常赞同当时留英的严复对自然科学的看法:"格物致知之学,寻常日用皆寓至理。深求其故,而后知其用之无穷,其微妙处不可端倪,而其理实共喻也。"④寻常日用皆有科学真理,只有深入研究、探索本源,才能在多方面运用它。所以,在他回国后创办的思贤讲舍和恢复的湘水校经堂的课程设置上,就增设了自然科学一项,其目的就是推进西方近代自然科学的学习,实现培养一批专业的科学人才的愿望。

---

① 王韬:《弢园老民自传》,江苏人民出版社1999年版,第189页。
② 王韬:《弢园文录外编》,上海书店出版社2002年版,第6页。
③ 王韬:《弢园文录外编》,上海书店出版社2002年版,第260页。
④ 郭嵩焘:《伦敦与巴黎日记》,载钟叔河:《走向世界丛书》,岳麓书社1984年版,第589页。

科学与技术相互依存、相互渗透、相互转化。科学是技术发展的理论基础，技术是科学发展的手段。薛福成出使西洋后，对科学与技术的这种关系有了更为深刻的领悟，他将第二次产业革命时期的科学与技术的关系概括为："士研其理，工致其功""研究愈精，运用愈妙"①，并用实例来说明他的观点："泰西格致之学，有创有因，电学创之于随尔得，因有电池、电报之致""化学定于拉瓦泄，后各有因此创彼，愈出愈奇"②。正是由于薛福成对科学与技术关系有了较为深刻的认识，所以他特别强调"格致之学"的重要性，认为："格致之学，在中国为治平之始基，在西国为富强之先导。"③当然，薛福成也非常清醒地认识到科学与技术的发展并非一朝一夕之功，它需要诸多"智能之士"持之以恒地"精研经理，日臻美备，殆亦集思广益而成，非一人所能其专功也"④。而"智能之士"的培养是不可能在封建教育制度下完成的，因此，薛福成主张开办新式学堂以培养新式人才，"此西洋诸国所以勃兴之本原欤"⑤。

伴随着国人对工业大机器的认识的深入，人们开始关注机器背后的科学和技术，也逐渐认识到科学技术对国家富强的作用。科学技术是第一生产力，也是一种思想观念，接受科学技术就必然接受它的思想观念，科学技术的普及也是思想观念的普及。科学技术的广泛应用，既能推动生产力的发展，又能推动社会思想观念的转变，进而推动社会价值观的转变，它是推动中国社会近代化的合力中的一分子。科学技术逐步成为中国文化的一部分。与此同时，国人也认识到科学技术的获得，需要人才的培养，人才的培养需要近代的学校教育，以专门讲授科学和技术的新式学堂开始出现在中国，中国教育也开始出现了一个新的教育取向——职业教育。科学和技术通过职业教育这一载体在中国得到更广泛的传播，日益为大众所接受。

---

① 《薛福成集》，辽宁人民出版社 1994 年版，第 51 页。
② 薛福成：《出使英法义比四国日记》，岳麓书社 1985 年版，第 597 页。
③ 薛福成：《出使英法义比四国日记》，岳麓书社 1985 年版，第 71 页。
④ 薛福成：《出使英法义比四国日记》，岳麓书社 1985 年版，第 599 页。
⑤ 薛福成：《出使四国日记》，湖南人民出版社 1981 年版，第 230 页。

7.女权意识的萌生

自 19 世纪 70 年代开始,政府和私人开办的民用企业逐渐增多,这些企业多是轻纺工业,需要大量的女工,女工开始从家庭走向企业,对女工进行必要的教育培训显得非常重要,特别是早期维新派通过对西方妇女的了解,逐渐意识到妇女地位的重要性,开始关注中国妇女。

陈炽认为,西方社会女子接受教育是富国强兵的根本,他说:"泰西风俗,凡女子纺绣工作艺术,皆有女塾,与男子略同,法制井然,具存古意。故女子既嫁之后,皆能相夫教子,以治国而齐家,是富国强兵之本计也。"[1]所以他主张效法西方。"各省郡县之间,就近筹捐,广设女塾,分门别类,延聘女师。女子自四岁以上,至十二岁为期,皆得就学。才而贤者,立法赐物,准终身佩服以旌之,贫者为择贤配以奖之。俾朝野上下家,蔚然蒸为风俗,此正本清源之要术,久安长治之初基。"[2]

薛福成在出使西方后,也发现西方教育对象与中国的教育对象有很大的不同,西方国家"凡男女八岁不入学堂者,罪其父母。男固无人不学,女亦无人不学,即残疾、聋哑之人,亦无不学。其贫穷无力及幼孤无父母者,皆有义塾以收教之"[3]。而当时的中国,接受教育的男子也还是少数,大部分男子都没有接受教育,更何况女子了。

郑观应同样也认识到女子教育对国家富强的重要性。他指出:"女学最盛者其国最强,不战而屈人之兵,美是也。女学次盛者,其国次盛也,英、法、德、日本是也。女学衰,愚民多,智民少,如是国之所存者幸矣。"[4]因此,他提出,在中国"女学校乃当今急务救本之基"[5]。

---

① 赵树贵、曾雅丽:《陈炽集》,中华书局 1997 年版,第 129 页。
② 赵树贵、曾雅丽:《陈炽集》,中华书局 1997 年版,第 129 页。
③ 薛福成:《出使四国日记》,湖南人民出版社 1981 年版,第 230 页。
④ 《郑观应集》(下册),上海人民出版社 1988 年版,第 264 页。
⑤ 《郑观应集》(下册),上海人民出版社 1988 年版,第 263 页。

这样,早期维新派通过对西方女子教育的了解,以及对中国妇女开始走进企业的客观现实的关注,开始认识到妇女在国家富强进程中的作用。通过他们的鼓动和宣传,妇女教育、妇女的价值开始走进中国人的视野,女权意识也开始萌生。

（三）追求富强：近代中国文化变迁主题的确立

进入 19 世纪 70 年代,洋务运动时期的工业化已经持续了 11 年(1861—1872 年),这 11 年的工业化推动中国文化在多方面发生了变迁,包括义利观、主权观、时间观、西学观、教育观、世界观、男女观,等等。变迁的文化又回头重新审视已经和正在进行的工业化,这一重新审视使得中国文化变迁更加理性、更加自觉。从 19 世纪 70 年代开始,变迁中的文化以工业化为中心更加注重以下几个方面:第一,富强观,它主要集中解决了国家与人民的关系,在工业化进程中,则表现为中国工业化的领导者和主要动力的定位;第二,变局观,它主要集中解决了中国与世界的关系,在工业化进程中,则表现为中国工业化的历史方位和历史责任;第三,义利观,它集中解决了道德与发展的关系,在工业化进程中,则表现为中国工业化的历史担当和价值取向。

王韬、马建忠、薛福成、郑观应等冲破封建文化的樊篱,首次提出了虽然不完善但却崭新的文化观,这正是洋务运动时期工业化发展在文化领域的反映。因为在他们生活时期的中国,清政府担当起了中国工业化开拓者的角色。但随着工业化的发展,国家投资工业化存在的许多弊端日益显露出来,私人资本投资工业化在国家投资工业化的挤压下举步维艰。私人资本投资工业化的愿望和要求必然要通过各种形式和渠道反映出来,王韬、马建忠、薛福成、郑观应等的文化观,正是在洋务运动时期工业化投资主体转换过程中,私人资本投资者在文化观念变迁的反映。

变迁中的中国文化所形成的文化认同和文化共识,是晚清工业化内在力量的精神纽带,也是晚清工业化的精神动力。对于晚清工业化来说,问题不在于有没有这种文化认同和文化共识,而在于如何使这种认同和共识在晚清工业化进程中迸发出来,以及如何使之成为持续推进工业化的强劲动力。

19世纪60年代开启的中国工业化推动了中国文化的变迁,至19世纪70年代,虽然中国文化变迁呈现出多方面的变化,但其总的取向是追求富强,并体现在戊戌变法时期、清末新政时期及至今日。追求富强,一直是近代中国文化变迁的主题、主体和总基调,这一文化变迁主题始终影响着进行中的中国工业化。正是由于这一文化变迁主题的确立,导致中国一系列传统观念发生了颠覆性的变化,才使人们认识到在中国搞工业化是正义的、合理的;正是由于这一文化变迁主题的确立,使一系列西方观念传到中国,这些观念填补了中国文化的空白,而恰恰又是这些思想观念,推动了中国工业化向纵深发展。

四、有进展无突破：洋务运动时期
近代中国文化变迁评价

洋务运动时期的工业化始于1861年的安庆军械所的设立,止于1895年《马关条约》的签订,经历了34年。相对于晚清50年工业化历史而言,这34年时间可谓不短,但却是晚清工业化最为艰难的时期。因为它要突破传统文化的束缚,这个问题不解决,工业化就没有希望,而洋务运动时期的工业化持续34年之久,也恰恰说明其突破传统文化束缚之艰难。中国工业化是在具有两千年文明的中华大地上兴起的,而这两千年文明既是财富,也是负担。当洋务运动开始工业化的时候,中华文明给我们带来的更多的是负担。摆脱负担是洋务运动时期工业化必须闯的一关,也是最难的一关。这一关涉及的都是中国人安身立命的根本问题,其难度可想而知。这一关,仅靠辩论是不能撼动根植于中国两千多年的思想观念的,它需要工业化的实践来说明、来改变。这是一场工业化与传统观念的纠缠与挣脱的斗争,工业化每前进一步都是对传统观念的一击,工业化每一次停滞都是传统观念的一次挣扎。这是一场没有硝烟的战争,因为没有物质损害;这是一场拉锯战,因为需要时间和坚持。因此,洋务运动时期的工业化与近代中国文化变迁都可谓有进展无突破。

洋务运动时期的工业化,其前期发展的是军事工业,而后期既发展军事工业又发展民用工业。就军事工业本身而言,对中国文化变迁的影响不大,但因军事工业的发展需要而进行的体制、机制、制度的调整和创新,却大大地推动了中国的文化变迁。诸如办学堂、派留学生等,这些探索本身无疑推动了中国工业化的发展,同时也推动了中国文化的变迁。

晚清工业化是中国工业化的起步阶段,而洋务运动则是晚清工业化的起步阶段,也是一个探索阶段。但这一阶段的探索,看起来是简单的修修补补,实质上是在撼动封建制度的根基,因此这一阶段的文化变迁具有根本性、全局性、宏观性的特点,诸如富强观、义利观、变局观等,无不表现出这些特点。正因为具有这些特点,文化变迁对清朝统治阶级的影响较大,而对民众的影响较小。

洋务运动时期,洋务派创办了一些近代军事工业和民用企业,这是从生产方式上挖了封建主义的墙角;洋务派因发展军事工业的需要,对封建社会的一些制度进行了相应的改革和调整,并创建了一些新的制度,这些制度的出现从根本上动摇了封建统治的上层建筑。因此,洋务运动不是清朝统治者的自救运动,而是封建统治者自掘坟墓的运动。

第三章 工业化路线图变更：近代中国文化变迁的新转向

甲午战争爆发前，中国的工业化已经持续了 30 多年，人们期望通过工业化使中国走上"自强"和"求富"的道路，但甲午战争结束了这一切。人们从"盛世"的梦幻中觉醒，正如梁启超所说："吾国四千年大梦之唤醒，始自甲午战败割台湾，偿二百兆以后始也。"①1895—1900 年，从梦幻中觉醒的中国人开始反思洋务运动，并在此基础上提出了中国工业化的新举措，使中国工业化也进入了新阶段。而新阶段的工业化推动了中国文化的新变化。

一、"盛世"梦幻的破灭：甲午战争后中国工业化路线图变更

（一）内外交困：甲午战争后中国工业化路线图变更的原因

甲午战争后，中国工业化路线图出现重大变更，由洋务运动时期发展军事工业和民用工业转向甲午战争后发展路矿业和民用工业。之所以出现重大变

---

① 中国史学会：《戊戌变法》（一），上海人民出版社 1957 年版，第 301 页。

更,其原因主要包括以下几个方面。

1.西方列强对中国侵略方式的重大调整

19世纪末20世纪初,自由资本主义进入到垄断资本主义阶段,即帝国主义阶段。在资本主义向帝国主义过渡的阶段,它对中国的经济侵略与前一阶段相比较,有了一些新的特点,而这些新特点在甲午战争后凸显出来。

一是帝国主义对中国的侵略已不只局限于攫取一般的经济利益,而是通过划分势力范围的方式,建立各自独占的市场和殖民地。1895—1899年,差不多整个中国都被帝国主义划分了各自的势力范围。通过划分势力范围,各帝国主义国家企图实现在势力范围内对市场、路矿等权利的优先和占有。二是帝国主义各国在对中国的商品侵略进一步加深的同时,更加专注于资本输出。甲午战争前,国际资本主义对中国的经济侵略主要是通过商品输出和鸦片输出以获取高额利润。甲午战争后,帝国主义各国通过攫取设厂权、铁路权、采矿权等资本输出特权来奴役和掠夺中国人民,获得最大限度的利润。

甲午战争的失败以及《马关条约》的签订,对中国人的刺激极大。中国面对的问题已不再是什么强或弱,而是更加严峻的存或亡了。梁启超指出:"吾国四千年大梦之唤醒,实自甲午战败割台湾、偿二百兆以后始也。"[1]中国人开始有了普遍的民族意识的觉醒,中国人觉悟道:世界上一切民族都在为生存而竞争,"进者存而传焉,不进者病而亡焉""负者日退而胜者日昌"[2],中华民族也不能例外。中国如果不能改革自强,就会"弱者先绝",[3]亡国灭种。

一些爱国的工商业界人士发出"实业救国"的呼声,提出自办铁路、开矿山、设工厂以"抵制洋商洋厂"的主张,出现了一个兴办近代工矿企业的浪潮,进而使中国工业化进入了一个新阶段。

---

① 中国史学会:《戊戌变法》(一),上海人民出版社1957年版,第301页。
② 王栻:《严复集》(第5册),中华书局1986年版,第1351—1352页。
③ 王栻:《严复集》(第3册),中华书局1986年版,第1333页。

2. 清政府对战争失败原因的反思

甲午战争虽然中国惨败,但此次战争使人们认识到铁路在军事上的重要性。"自经此次军事利钝之故",修建铁路的必要性,已"昭然若见"。① 甲午战争后,清政府认为因缺乏铁路而无法迅速运兵是战争失败的原因之一。时人曾慨叹:"使铁路造成,何至如此!"②洋务派更认为兴修铁路是"富强兼资"之策,为当前"切要之图"。于是,清政府于1895年冬发布上谕,广筑铁路。因此,在内外因素的共同作用下形成了中国铁路建设的一个高潮。

3. 维新派的呼吁和变法的激励

甲午战争结束后,维新派把中国与西方列强进行比较,发现:"欧美近今之盛,实以物质故。汽力之为用,倍人力者三十,而国势之富盛强,亦三十倍。"③"于是诸欧美挟其异器,横行宇内,骎突全球"④;"日本昔亦闭关也,而造变法,早派游学,以学诸欧之政治、工艺、文学、知识,早译其书而善其治,是以有今日之强而胜我也"⑤。反观中国,虽"中国万里之广土,五千年文明之古国"⑥"矿产遍地"⑦,但"不闻某厂新创一枪,自造一炮,能创垂民用"⑧。所以就出现了西方列强"遂破吾数千年久闭之重关……自尔以后,吾中国为列国竞争之世"⑨。维新派认为,摆脱困局的办法之一,就是"振兴商务,为富强之计,必须讲求工艺,设厂制造,始足以保我利权"⑩。

① 沈桐生:《光绪政要》(卷21),江苏广陵古籍刻印社1991年版,第16—17页。
② 王树楠:《张文襄公全集·奏稿》(卷24),文海出版社1963年版,第5—6页。
③ 中国史学会:《戊戌变法》(二),上海人民出版社1957年版,第222页。
④ 中国史学会:《戊戌变法》(二),上海人民出版社1957年版,第223页。
⑤ 中国史学会:《戊戌变法》(二),上海人民出版社1957年版,第223页。
⑥ 中国史学会:《戊戌变法》(二),上海人民出版社1957年版,第223页。
⑦ 中国史学会:《戊戌变法》(二),上海人民出版社1957年版,第246页。
⑧ 中国史学会:《戊戌变法》(二),上海人民出版社1957年版,第280页。
⑨ 中国史学会:《戊戌变法》(二),上海人民出版社1957年版,第224页。
⑩ 中国史学会:《戊戌变法》(二),上海人民出版社1957年版,第39页。

为了发展资本主义工业,维新派呼吁改革税收政策。一是裁撤厘金。始于太平天国农民起义时期的厘金政策严重割裂了中国国内市场,造成了商品流通的困难,也就阻碍了商品经济的发展,致使中国民族资本主义工业化的前提条件遭到破坏。所以维新派指出:"厘金者,天下之敌政也"[1],应该坚决裁撤。二是降低出口税。针对"洋商运货只完正子两税,华商则逢关纳税,遇长抽厘"这种歧视政策、不公政策,主张进行改革,降低这种高额的出口税。

为了发展资本主义工业,维新派还要求改变政策。针对清政府对民间办厂采取"不助资本,不设专利"[2],甚至极力禁止办厂的政策,维新派多次上书,要求改革这一政策。康有为指出:"机器厂可兴作业,小轮舟可便通达,今各省皆为厉禁,致吾技艺不能日新,制作不能日富,机器不能日精,用器兵器皆多窳败。徒使洋货流行,而禁吾民制造,是自蹙其国也。"[3]所以政府应"纵民为之,并加保护"[4]。当时《马关条约》已经签订,外国人在华投资设厂已成为事实,清政府不准民间设厂已无理由。于是,清政府开始允许民间设厂,并于1898年议定《振兴工艺给奖章程》,对民间发展工业表示提倡和奖励。

在百日维新中,清政府在经济方面提出了以下新政:第一,提倡实业,设立农工商总局和矿务铁路总局,各省设立商务局等机构;第二,兴办农会和组织商会,鼓励商办矿务、铁路;第三,奖励实业方面的各种发明,给予官职或专利权;第四,创办国家银行;第五,改革财政,编制国家预算决算;等等。上述这些呼吁与主张极大地促进了中国工业的发展。

面对内外压力,清政府在一定程度上顺应了历史发展的要求,对自身的经济政策进行了相应的变革,推动并致力于发展近代工商业,这对促进这一时期工业化的发展起到了一定作用。

---

① 中国史学会:《戊戌变法》(二),上海人民出版社1957年版,第327页。
② 中国史学会:《戊戌变法》(二),上海人民出版社1957年版,第246页。
③ 中国史学会:《戊戌变法》(二),上海人民出版社1957年版,第132页。
④ 中国史学会:《戊戌变法》(二),上海人民出版社1957年版,第132页。

4.外国资本的刺激

甲午战争后,外国资本的投资与经济扩张也在一定程度上刺激了中国资本主义的发展,促进了中国工业化的进行。《马关条约》规定允许外国资本在中国投资设厂,从此,外国资本竞相在中国投资兴建工厂,这在客观上对中国企业家投资仿设企业创造了条件。自 1895 年起,在"振兴实业"的号召下,一些爱国人士开始投资兴办企业。

(二)向强者学习: 甲午战争后中国工业化的特点

在维新派的呼吁下和维新变法的推动下,甲午战争后,中国工业化进入到一个新阶段,与洋务运动时期的工业化相比呈现出一些新的特点,其发展水平也超过了洋务运动时期的工业化。

1.政府主导兴办路矿业

甲午战争失败后的沉重赔款负担以及每年需要偿还外债本息的压力,极其严重地打破了清政府在此前 10 年间勉强维持的财政平衡。甲午战争后,清政府的财政捉襟见肘,在这种情况下,清政府再也不可能像以前那样对官办或官督商办的企业注入新的资本。所以甲午战争后,政府主导的工业化在军用工业和民用工业方面成效甚微,大多数军用工业和民用工业在维持中走向衰落。原有的军事工业,除张之洞创办的湖北枪炮厂有很大发展并代替了原来的江南制造总局外,其他大多是勉强维持残局,甚至停产。新建企业,除德州机器局可代替被毁的天津机器局外,其他都是一些小厂。这些企业在生产技术上有所改进,但已失去往日那种追赶世界先进水平的雄心壮志,大多是抱残守缺,与西方的差距越来越大。民用工业方面出现了改归民营的趋势,但这主要是针对一些小型企业而言,如湖北纱、布、丝、麻四局,以及上海华盛纺织总厂等归为民营。而较大企业,如汉阳铁厂、大冶铁矿等仍由政府把控。

这一时期政府主导的工业化主要在交通运输业方面成效较为显著。甲午战争后,清政府兴起了一个借外债办铁路的高潮。修铁路高潮的出现,一方面是甲午战争后,通过《马关条约》,帝国主义各国攫取了在中国投资设厂的合法地位,与此同时,帝国主义各国又在中国划分势力范围,各帝国主义在其势力范围内修筑铁路,这不仅成为资本输出的主要形式,而且还可以进一步扩大其侵略权益。因此,帝国主义各国纷纷谋求在中国修铁路。面对帝国主义的侵略野心,清政府认识到修铁路的重要性,认为铁路"为自强要策,必应统筹天下全局……但冀有益于国,无损与民,定一至当不易之策,即可毅然兴办,毋庸筑室道谋"①。另一方面是甲午战争后,清政府认为缺乏铁路用以迅速运兵是战争失败的原因之一,洋务派更认为兴修铁路是"富强兼资"之策,为当前"切要之图"。于是,清政府于1895年冬发布上谕,广筑铁路,从而在内外因素的共同作用下形成了中国铁路建设的一个高潮,这可以从这一期间(1895—1900年)兴建铁路的里程,与之前9年兴建铁路里程进行比较加以佐证,见表3-1。

表 3-1　历年铁路修建里程(1881—1900 年)　　　　单位:公里

年份	中国修建	合计	累计长度
1881	9	9	9
1886	33	33	42
1887	75	75	117
1889	53	53	170
1890	50	50	220
1891	47	47	267
1892	78	78	345
1893	52	52	397
1894	50	50	447

---

① 宓汝成:《近代中国铁路史资料》(上册),文海出版社1977年版,第171页。

续表

年份	中国修建	合计	累计长度
1895	119(99)	20	467
1896	121	121	588
1897	119	119	707
1898	31	31	738
1899	130	130	868
1900	198	198	1066

资料来源:许涤新、吴承明:《中国资本主义发展史》(第二卷),北京社会科学文献出版社 2007 年版,第 474 页。

此外,与甲午战争后民间资本向轻纺工业的积极投资相对应,采矿业成为清政府所控股企业投资最活跃和最集中的领域之一,出现了继洋务运动之后的第二轮开矿潮。

2.民间资本主导兴办轻纺工业

甲午战争后,民间资本主导的工业化发展成就显著。19 世纪 90 年代,在"设厂自救"呼声的激励下,中国民族工业在 1896—1899 年出现了第一次创业浪潮。甲午战争后,民族资本工矿业发展较快,家数众多(见表 3-2)。从洋务运动到甲午战争前,中国民族资本近代企业共计 170 家,甲午战争后的 1895—1900 年,中国民族资本近代企业共计 104 家。甲午战争后到清末新政前的 6 年时间里,中国民族资本近代企业增长速度大大超过甲午战争前 20 多年的中国民族资本近代企业的增长速度。

表 3-2　甲午战争后中国民族资本工矿企业的设立(1895—1900 年)

单位:千元

年份	厂矿总计		其中:纺织业		其中:矿冶业	
	家数	设立资本	家数	设立资本	家数	设立资本
1895	17	3307	12	1766	2	461

续表

年份	厂矿总计		其中:纺织业		其中:矿冶业	
	家数	设立资本	家数	设立资本	家数	设立资本
1896	20	4343	12	1913	7	2370
1897	23	5776	8	2828	11	1968
1898	20	4384	12	1630	4	1125
1899	11	1910	8	1756	1	10
1900	13	3304	7	2164	—	—

资料来源:许涤新、吴承明:《中国资本主义发展史》(第二卷),北京社会科学文献出版社 2007 年版,第 496 页。

甲午战争后,中国民族资本主要投向棉纺织工业、缫丝工业、面粉工业、火柴工业、机器制造工业、榨油工业、采矿业等。甲午战争结束后,在设厂自救的呼声中,首先使产生不久而又利润优厚的棉纺织业活跃起来。据统计,1895—1899 年,新开业的纱厂有 8 家;1895—1913 年开设的丝厂有 141 家,投资 1133.3 万元,仍略多于纱厂投资;1896 年有广州机粉厂、1897 年有芜湖益新面粉厂、1900 年有杭州利用面粉厂设立;1895—1900 年,火柴工业共有 15 家企业;1896—1900 年,有 8 家华商煤矿开设。[①] 总之,甲午战争后的 5 年间,中国民族资本工矿企业的发展取得了相当大的成绩。

二、与工业化同步:近代中国文化变迁的新转向

由于甲午战争后中国工业化呈现上述两个特点,因此甲午战争后至清末新政前,中国文化变迁由沿着洋务运动时期的军事工业和民用工业方向变迁转向沿着铁路和轻纺工业方向变迁。

---

① 许涤新、吴承明:《中国资本主义发展史》(第二卷),北京社会科学文献出版社 2007 年版,第 496、502、508、510、516 页。

(一)传统意识更新:轻纺工业的发展催生新观念

1.纺纱业中的农民商品意识的出现

鸦片战争后,外国向中国大量倾销商品,其中就包括洋纱,而中国传统的土纱的质量不抵西方的洋纱的质量,因而洋纱排挤了土纱。织布则不然,由于农民用洋纱织布的主要目的是出售,以补贴生活和偿还租债,所以农民不会轻易放弃。由于对洋纱的需求量大,因此甲午战争后中国的纱厂专注于纺纱。这样通过市场买纱—家庭织布—市场卖布,这种不断地循环促使中国家庭纺织业从旧生产方式中分解出来,开始呈现资本主义生产方式。在分解与呈现中,农民既与商品市场发生联系,又与原料市场发生联系,这不仅培养和增强了农民的市场意识和商品意识,还有利于摆脱传统的经济意识。

2.缫丝业中的近代思想观念的树立

近代中国缫丝业主要分布在以上海为中心的江南地区和以顺德为中心的珠江三角洲地区。甲午战争前(1872—1894年),民族资本近代缫丝业共96家[1];甲午战争后(1895—1900年),开设丝厂60家,平均每年10家[2]。甲午战争后,中国缫丝业呈现稳步增长的态势。

上海最早的民族资本缫丝厂,是1881年创办的公和永丝厂,由于丝质不良、销售不畅等原因,直到1887年才逐渐发达。[3] 此后,又有7家华商丝厂设立。到1894年,上海有民族资本缫丝厂8家,丝车2576部。[4] 1895—1898

---

[1]　许涤新、吴承明:《中国资本主义发展史》(第二卷),社会科学文献出版社2007年版,第355页。

[2]　许涤新、吴承明:《中国资本主义发展史》(第二卷),社会科学文献出版社2007年版,第355页。

[3]　孙毓棠:《中国近代工业史资料》(第一辑),科学山版社1957年版,第971—972页。

[4]　许涤新、吴承明:《中国资本主义发展史》(第二卷),社会科学文献出版社2007年版,第355页。

年,上海的丝厂激增。1896年,丝厂由1894年的12家骤增至29家,丝车由4076部增至7986部。1896年与1898年,虽然丝价暴跌且蚕茧歉收,丝厂获利甚微,但是到1899年,上海仍有24家丝厂,丝车数为7470部。1900年,由于丝价大跌,销售不畅,开工丝厂仅剩18家,丝车数减为5920部。①

陈启沅在广东南海开办的继昌隆缫丝厂是我国近代第一家机器缫丝厂。此后,机器缫丝厂在珠江三角洲快速发展。到1894年,广东南海有缫丝厂24家,广东顺德有缫丝厂60家,广东新会有缫丝厂3家,广东三水有缫丝厂1家。此外,到1894年,广东有机器缫丝厂88家,其中顺德最多;到1902年,顺德有丝厂86家,丝车34600部。②

根据上述统计资料可以看出,中国近代机器缫丝业的发展规模及水平,珠江三角洲地区远远高于长江三角洲地区,因此珠江三角洲地区的缫丝业具有举足轻重的地位,它对近代中国文化的影响具有典型性。鉴于此,本书将着重研究珠江三角洲地区缫丝业发展对近代中国文化变迁的影响。

(1)缫丝业中社会各界对工业化的阻挠及结果

19世纪70年代,机器缫丝业在中国出现。机器缫丝的出现是顺应历史发展潮流的理性选择,也是传统缫丝不能满足西方丝织业质量要求的被迫选择。但当时中国社会许多阶层、各色人等由于不了解世界大势,大力排斥机器缫丝技术。

①乡绅对工业化的阻挠

近代乡绅是指受过良好的传统文化教育,但没有在政府任职,却又是乡村社会精英,并居住在乡村或邻近乡村的城镇的人。在缫丝业发展之初,他们以中国传统来抵制缫丝工业发展。

第一,乡绅们用"华夷之辨"观念、迷信思想反对机器缫丝技术。"继昌隆厂的烟囱,高达三丈多,上工、放工的汽笛鸣声,又响彻数里,所生产的丝又是

---

① 徐新吾:《中国近代缫丝工业史》,上海人民出版社1990年版,第616页。
② 王翔:《近代中国传统丝绸业转型研究》,南开大学出版社2005年版,第11页。

'交番'的，因此一般人给继昌隆的丝厂又一个名称曰'鬼纻'。也有人说，厂是替番鬼纻丝，则做厂工的男女都会不利；有说如鬼叫般的汽笛声，会损害十里八里内的老幼人口、生活不好。更有说三丈的烟囱影子，照到之处，一条黑影从高压下，这处便会破财损丁。"①由此可见，国门被打开30多年后，乡绅们仍然用"华夷之辨"观念来贬低西方，把机器缫丝厂称作"鬼纻"，把西方人称为"番鬼"，把用近代机器生产的丝在国际市场上出售称为"交番"，所以用机器缫丝就是"替番鬼纻丝"，进而认为这样会对做厂工的男女不利。乡绅们用迷信思想反对机器缫丝技术，认为缫丝技术的某些设备"会破财损丁"。

"华夷之辨"是一种等级、贵贱之辨，是一种中华优越论，乡绅以"华夷之辨"为根据，最终得出近代机器缫丝对缫丝工人不利的结论，这不利于近代机器缫丝企业雇佣工人。乡绅抱有"华夷之辨"的观念，必然会抵制西方科学技术，为了使这种抵制达成广泛共识，他们利用当时中国人普遍具有的迷信思想和人类普遍对贫穷和死亡的恐惧心理，致使整个社会群体集体抵制机器缫丝技术。"随着缫丝工厂的增加，人们的反感情绪也在加强……流传着种种关于丝厂的奇谈怪论，时时都有对与丝厂有关系者的中伤、挑衅和妨害行为发生。敌视缫丝厂的人里，有乡绅、耆老，也有官吏、商人和农民。他们都把学习洋鬼的机器丝厂看作不吉利的怪物，对之抱有强烈的嫌恶。"②无论是由"华夷之辨"而衍生出的机器缫丝对"做厂工的男女不利"，还是由迷信思想而演绎出的"破财损丁"，在本质上都不利于近代机器缫丝企业扩大规模，不利于近代机器缫丝行业的快速发展，进而不利于工业化的发展。

第二，乡绅用传统礼教和民为邦本思想反对机器缫丝技术。"每偈约用女工四百余人，男工一百余人。无论男女混杂，易生瓜李之嫌；且一工之作，可抵十工之用。统计江浦一带共有机器一十一座，应用四千四百余工，以一敌十

---

①　陈天杰、陈秋桐：《广东第一间蒸汽缫丝厂继昌隆及其创办人陈启沅》，载文史资料研究委员会：《广州文史资料》（第8辑），广东人民出版社1963年版，第68页。

②　铃木智夫：《洋务运动研究》，汲古书院1992年版，第426—427页。

较之,实夺四万四千余人之生业。夫以十一家殷商之利而失万家贫户之资生,我国家民为邦本,非同外裔上下征利之邦,自应永远勒停,以安民业。随即到各店永不复开结状,勒将前项机器依限自行变价,以示持平。惟从前之牟利情尚可原,日后之效尤弊当用杜,应请批示立案,以塞祸源。"①在工厂里男女一起工作,必然会出现有悖于所谓"男女授受不亲"的局面,这是以乡绅为代表的传统社会力量所不能容忍的。在无法解决男女在一起工作的情况下,反对机器缫丝工业就成为必然。

乡绅不了解世界大势,其思维和视野仍然停留在农业社会里,只看到近代机器工业的发展带来一些传统行业工人失业的一面,不知道西方机器工业又创造出了大量的就业岗位。所以,他们按照农业社会历史的经验,认为失业会导致社会动荡,不利于社会稳定。"查匪徒藉端搜抢,固属罪不容诛,而市侩专利病民,亦属情难曲恕。本县为民父母,固不可庇奸民而纵其横暴,亦不能袒富民而任其垄登。盖地方之莠顽必当究治,而小民之生计尤当兼筹。今以一家射利而使千百穷黎失其恒业,其必起而争者,势也。若此事可原,稍从宽贷,而使千百无赖浸长刁风,遂至目无法纪,亦势也。势既两穷,理又各绌,自应严杜专利以遂民生,更应严治首谋以挽风气。"②基于这样的认识,他们极力反对近代机器缫丝业的发展。

中国乡绅所持有的落后的、不合时宜的传统观念和思想,极大地阻碍了机器缫丝业的发展。为了让他们改变、放弃那些阻碍机器缫丝业发展的观念和思想,近代机器缫丝业的经营者并不是就思想而思想,通过反对、清算旧思想旧观念,树立新思想、新观念,消除影响机器缫丝业发展的阻力。相反,因为物质决定意识,意识具有反作用,消灭影响机器缫丝业发展的乡绅所持有的传统观念和思想,需要一定的物质力量。

为了发展缫丝业,企业经营者积极争取乡绅入股参与机器缫丝业的发展。

① 徐赓陛:《不慊斋漫存》(卷6),南海官署刻本1882年版。
② 孙毓棠:《中国近代工业史资料》(第一辑),中华书局1962年版,第960页。

陈启沅在建立继昌隆缫丝厂之初,就与"士绅合股发展其缫丝厂"。[1] 在机器缫丝厂连续获得盈利后,乡绅开始积极参与机器缫丝业的发展。他们的积极参与表明他们已放弃了落后的、不合时宜的传统观念,机器生产的观念被逐渐接受。在机器缫丝厂连续获得盈利后,丝厂工人的收入也在稳步提高,能够在机器缫丝厂获得一份工作成为令人羡慕的事情。"当鬼纻发展到相当时期,乡人皆知鬼纻原为可以兴旺蚕桑荣农村及养人之所,而一般观念都认缫丝工作为一种正当的职业,缫丝女的地位由是得到社会的承认。且每当鬼纻开工,此等缫丝女皆争先恐后到厂,务求占得一位置为荣幸矣。"[2]

触动利益比触动灵魂更重要。近代机器工业所形成的物质力量最终战胜了乡绅以及一些农民的落后观念,机器缫丝业的发展进入了一个新阶段。

②丝织手工业者的反对

"珠江三角洲地区的广东省南海县,本为丝织手工业繁盛之区,原有机工万余人。1881 年,江浙地区蚕丝歉收,加上胡雪岩的屯购,导致上海的生丝出口量剧减,欧美商人于是到广东求购。而广东土丝的大量输出,又导致市上无丝可卖,机工为之停歇。当地'锦纶堂'行会丝织手工业者于是迁怒于专营出口的蒸汽缫丝厂。……三两千名机工将裕昌厚丝厂之缫丝机器尽行捣毁。随后,愤怒的丝织手工业者又打算捣毁同乡的继昌隆及其他几家丝厂,酿成了丝民、机工各有伤亡的严重流血事件。"[3]但不管手工业者如何反对,厂丝的出口量可以证明厂丝优越于手缫丝,1895 年手缫丝的出口量为 3596 关担,到 1900 年,广东手缫丝出口量锐减到 598 关担;1895 年厂丝出口量为 20780 关担,到 1900 年厂丝出口量快速增加到 27623 关担。[4] 这一降一升充分说明市场的力量直接

---

[1]　苏耀昌:《华南地区:地方历史的变迁与世界体系理论》,中州古籍出版社 1987 年版,第155 页。

[2]　彭泽益:《中国近代手工业史资料(1840—1949)》(第 2 卷),中华书局 1962 年版,第 53 页。

[3]　王翔:《中国近代手工业的经济学考察》,中国经济出版社 2002 年版,第 19 页。

[4]　许涤新、吴承明:《中国资本主义发展史》(第二卷),社会科学文献出版社 2007 年版,第506 页。

决定了二者的命运,用捣毁机器缫丝厂的办法来阻挡机器缫丝业发展是徒劳的。

丝织手工业与机器缫丝业的对立,是一场利益的冲突,也是一场思想文化观念的较量。机器缫丝业与丝织手工业的一盛一衰看起来是市场力量决定的,但在当时中国,这个市场是一个资本主义的国际市场,是一个蕴含着资本主义先进文化的市场。机器缫丝业在中国的不断发展实际上就是中国不断地接受西方资本主义文化的过程,丝织手工业的不断衰落实际上就是中国在不断地放弃落后的、不合时宜的文化的过程。

③清政府的障碍

清政府持有的传统财政观,阻碍了机器缫丝业的发展。

农业是中国封建社会的支柱产业,是国家税收的主要来源。因此,中国封建王朝对来自农业方面的税收变化异常敏感。为了应对来自农业方面的税收变化,中国封建社会时期先后出现了多次改革,诸如两税法、一条鞭法、地丁银等,以确保政府的财政收入。同时对于有可能冲击农业稳定与发展的工商业则课以重税,以期打击工商业,保护农业,以实现财政收入的稳定。1840 年后,中国沦为半殖民地半封建社会,中国的社会性质变了,但清王朝的基本治国之策没有变,仍坚持重农抑商的政策,农业仍然是财政收入的主要来源。因此当近代中国工商业逐渐发展的时候,清政府不是采取轻徭薄赋的财政政策鼓励工商业,而是采取征收重税的办法,限制、削弱工商业的发展。

甲午战前,机器缫丝业是民族资本份额最大的工业,主要分布在以上海为中心的江南地区和以顺德为中心的珠江三角洲地区。"由于上海是通商口岸,厂丝出口得以免除江浙丝从产地运往上海途中征收的丝捐,清朝当局由于丧失了作为其重要财源的生丝流通税,因而从一开始就对上海的外国资本、民族资本的近代丝厂采取敌视态度,苦心竭虑于如何对之征收至少相当于丝捐的税收。"①1881 年,广东南海发生丝织者焚毁丝厂事件。"官府一方面平息

---

① 铃木智夫:《洋务运动研究》,汲古书院 1992 年版,第 346—347 页。

内乱的丝织者;另一方面下令禁止机器缫丝,在已引起丝织者大量失业的地区,关闭所有缫丝厂。"①后来,清政府由原来的反对机器缫丝改为对机器缫丝厂所需原材料在流通领域征税。比较典型的是,在长江三角洲对机器缫丝厂出现之后才开始出现的茧行征收茧捐,在珠江三角洲地区的生丝流通领域征收丝捐。在流通领域进行征税,虽然解除了地方官员惧怕地方财政收入流失的担心,保证了部分地方政府财政收入的稳定(如在江苏,19世纪末每年征收的茧捐已多达20万两②),但另一方面却增加了机器缫丝厂的成本,削弱了机器缫丝厂在国际市场上的竞争力。

1887年是机器缫丝生产在中国的命运发生转折的一年。因为在1887年10月,总理衙门要求浙江省派员前往珠江三角洲考察学习,大力推行鼓励民间人士引进和经营机器缫丝生产的政策。③ 这一政策的出台表明,清政府开始放弃禁止机器缫丝生产,以及通过税收阻碍机器缫丝生产的政策,转向采取鼓励机器缫丝生产的政策。这一政策的出台也表明,隐藏在这一政策转变背后的文化因素的此消彼长,即传统的、落后的、不合时宜的观念逐渐从机器缫丝业中慢慢消退,商品观念、市场观念、国际贸易观念逐步深入人心。

甲午战争后,机器缫丝生产在中国的命运发生了根本性转变。

甲午战争中国失败,中华民族危机日趋严重。面对危机,"设厂自救"的呼声遍及全国。与此同时,资产阶级维新派发起的维新运动,在经济上提出了全面发展民族资本主义的主张。康有为在"公车上书"中就提出,除发行货币和邮政事业由国家经营外,一切工矿、商业、交通运输都应该"一付于民""纵民为之"。④ 他主张"扫除更张,自立堂构"⑤,即主张根本改变经济体制,实行

---

① 苏耀昌:《华南地区:地方历史的变迁与世界体系理论》,中州古籍出版社1987年版,第159页。
② 王翔:《近代中国传统丝绸业转型研究》,南开大学出版社2005年版,第129页。
③ 王翔:《近代中国传统丝绸业转型研究》,南开大学出版社2005年版,第98页。
④ 中国史学会:《戊戌变法》(二),上海人民出版社1957年版,第141页。
⑤ 中国史学会:《戊戌变法》(二),上海人民出版社1957年版,第179页。

自由资本主义的体制。在百日维新中,在经济方面,提倡实业,设立农工商总局和矿务铁路总局,各省设立商务局等机构;兴办农会和组织商会,鼓励商办矿务、铁路;奖励实业方面的各种发明,给予官职或专利权;创办国家银行;改革财政,编制国家预算决算等。戊戌变法所推行的经济方面的变革表明,以传统文化为底蕴的传统经济思想已让位于以西方资产阶级文化为底蕴的现代西方经济思想。

甲午战争后,中国机器缫丝业发展所受到的来自传统文化的阻挠已经不复存在了,那些落后的、不适时宜的传统文化观彻底从机器缫丝业中消失,机器缫丝业彻底摆脱了落后的、不适时宜的传统文化观的束缚和困扰。"江苏镇江建了两家缫丝厂,现代化厂房内安装了最新型的机器设备,高达 90 英尺的烟囱,坚固地竖立在厂房附近。烟囱对清国人的封建迷信是个重大打击,是对所谓'风水'观念的极大挑战。此前,清国民众是多么崇尚迷信和风水呀!毫无疑问,他们连句抗议的话都没说。"①这是 1896 年 11 月 29 日《纽约时报》的一篇报道。这篇报道也再一次证明:甲午战争后,中国机器缫丝业的发展已经摆脱了传统落后观念的束缚,中国机器缫丝业开始沿着自身的逻辑向前发展,也暗示着中国开始接受近代机器工业所需要的文化。

(2)工业化适应并改变传统观念

机器缫丝业以适应传统观念的方式开始工业化,并最终改变传统观念。机器缫丝业需要大量的女工,相对城市而言,农村拥有大量的相对低廉且有一定缫丝经验的女工。但传统的中国非常鄙视妇女外出打工,如何吸引农村妇女到机器缫丝厂工作而又不离家,珠江三角洲的缫丝企业经营者选择把企业设在植桑养蚕的农村,这样女工"在本村附近,早出晚归,厂方既可毋需另设宿舍,日间在厂工作,都是姐妹叔伯,家长可以放心"②。在本村的机器缫丝厂

---

① 刘青松:《缫丝厂的风化和风水》,《中国经济和信息化》2011 年第 13 期。
② 陈天杰、陈秋桐:《广东第一间蒸汽缫丝厂继昌隆及其创办人陈启沅》,载文史资料研究委员会:《广州文史资料》(第 8 辑),广东人民出版社 1963 年版,第 60 页。

工作就不会视为外出打工,也不会认为"该家已经沦落到社会的最下层了"①。与此相反,由于在机器缫丝厂工作收入可观,越来越多的农村妇女加入到这一队伍中去。"在顺德、南海两县,适龄的农家子女大多入厂工作。"②鄙视农村妇女外出打工的观念被逐渐淡化。

妇女到机器缫丝厂工作,实际上打破了传统的男耕女织的家庭分工格局,小农经济开始解体,而伴随小农经济解体的是产生于小农经济基础上的小农思想的崩解。男耕女织的家庭格局被打破,冲击了男尊女卑的传统观念,妇女的社会地位得到了认可。男耕女织的家庭格局被打破,出现了男子在家养蚕、女子在丝厂工作的局面,这必然导致蚕农把茧出售给丝厂的结果。农民的商品意识逐渐增强,市场观念逐步形成,这反过来又有利于缫丝业的持续发展。因此,工业化在良性互动中发展并扩大。

(3)工业化酝酿并造就新观念

①缫丝业的发展使得生产方式发生了质变,推动了思想观念的变化,人们逐渐萌生了商品意识和市场意识。

机器缫丝厂的出现改变了农业结构。机器缫丝业的快速发展,需要大量的蚕茧原料,于是蚕茧价格不断上涨,使种桑养蚕的农民获利丰厚。在逐利的刺激下,更多的劳动力、资金、土地投入到这一产业,珠江三角洲的农村纷纷改稻田为桑基,掀起了"弃田筑塘,废稻树桑"的高潮,蚕桑业生产呈现规模化。这改变了农村原有的农业结构,推动了农产品的商品化,而商品化的农业必然会不断地蚕食、冲击自给自足的自然经济。

在珠江三角洲从事蚕桑业的地区,农民家庭消费开支中,货币支出的比例明显高于非养蚕区。根据当时进行的一次调查,在两个非养蚕区的村子中,农民家庭消费结构中,货币支出占总支出的比重分别为 45.1% 和 41.8%,而养

---

① 黄宗智:《长江三角洲小农家庭与乡村发展》,中华书局 2000 年版,第 66 页。

② 徐新吾:《中国近代缫丝工业史》,上海人民出版社 1990 年版,第 230 页。

蚕区的一个村子,货币支出占总支出的比重为 76.7%。[1] 在农民家庭消费支出中货币支出所占比重的变化具有重要意义,它是商品经济发展的必然结果,而商品经济的发展是与当时珠江三角洲的机器缫丝业发展密不可分的。机器缫丝业的发展使珠江三角洲蚕桑业地区传统的生产方式或多或少地发生了质变。生产方式的质变必然会推动思想观念的变化,在思想观念的变化中,农民或主动或被迫地首先接受商品意识、市场意识的洗礼。

自给自足的自然经济是指农产品以及一部分手工业品都是自主生产并使用,极少有商品交换,这意味着家庭货币支出极少。珠江流域机器缫丝业的发展,导致"废田筑塘,废稻树桑"局面的出现,这意味着家庭所需的农产品及一部分手工业品不能通过家庭劳作满足需要,必须通过购买来满足家庭的大部分需求。珠江流域机器缫丝业的发展,为当地农民购买生活必需品提供了可观的收入,其家庭收入基本包括两部分:一部分是男子从事养蚕业,然后把蚕茧在市场上出售,从而获得的货币收入;另一部分是家庭中的女子在缫丝厂做工而获得的工资收入。珠江流域机器缫丝业的发展,促使当地农村货币支出比重增加,这无疑在说明自给自足的小农经济的作用和地位在降低,与此相对的是商品经济的作用和地位在逐步提高。由自给自足的小农经济而衍生的思想观念对人们的影响必然会慢慢下降,由商品经济而衍生的思想观念正在逐渐影响着人们。

②以缫丝业为龙头的产业链的形成,在实践上否定了重农抑商、重本抑末的思想观念,肯定了工商皆本的思想。

机器缫丝业的发展推动了蚕桑业的专业化,而为了适应蚕桑业的专业化发展,为蚕桑业提供服务的各种行业便应运而生,从而形成了以缫丝业为龙头的产业链。在珠江流域机器缫丝业地区,出现了诸多的销售日用生活品的市场、商铺等。粮食市场星罗棋布,苏杭铺、疋头铺、海产杂货店林立其间。此

---

[1] 马扎亚尔:《中国农村经济研究》,神州国光社 1930 年版,第 474 页。

外,还出现了诸多销售专业用品的商铺,如专门销售化肥、茶麸的商店,专门销售煤油的外国商行,专门销售丝车、蒸汽锅炉零部件的销售点等。机器缫丝业的发展直接推动了蚕桑业的发展,间接地推动了其他产业的大发展;反过来,其他产业的发展又进一步推动了蚕桑业、机器缫丝业的发展。在这一产业链中的很多产业是与农业无关的,它们的兴起在实践上否定了重农抑商的思想观念,肯定了工商皆本的思想。工商皆本思想一旦得到社会的认可,它又推动了近代机器工业的发展。

机器缫丝业的发展推动了珠江流域的农民废田树桑,这是对重本抑末思想的蚕食。中国封建社会的重本抑末思想,就是重视农业发展,抑制甚至禁止工商业的发展,最大限度地隔断自然经济与商品经济的联系,把劳动力限制在农业领域,以实现封建专制统治的长治久安。而近代珠江流域的农民废田树桑看似仍在贯彻重本抑末思想,但却打通了自然经济与商品经济的联系,因为农民的蚕茧产品是要出售给缫丝厂而不是自己纺纱织布的。所以,珠江流域农民的做法与重本抑末思想貌合神离,其实质是以重本抑末为招牌,大力发展商品经济。重本抑末思想对人们的影响逐渐在消失,其退出历史舞台已不再遥远。

③货币地租的出现,进一步推动了商品经济和市场经济的发展,从而推动了农民思想观念向商品经济意识、市场经济意识转变。

蚕桑业的发展使珠江三角洲农村的地租形式发生了变化。在蚕桑业比较发达的地区,地租由实物地租向货币地租转化;而在通行货币地租的地区,又进一步实行预租制。在顺德,无论桑田、禾田,其租佃制在 30 年内几乎都推行预租制。① 货币地租在珠江三角洲地区的出现,佐证了该地区机器缫丝业的发达,因为"从产品地租到货币地租的转化,要以商业、城市工业、一般商品生产、从而货币流通有了比较显著的发展为前提"②。

---

① 陈翰笙:《广东农村生产关系与生产力》,中山文化教育馆 1934 年版,第 36 页。
② 马克思、恩格斯:《马克思恩格斯全集》(第 25 卷),人民出版社 1974 年版,第 898 页。

货币地租的出现使农民专门从事蚕桑业成为可能,而蚕桑业的发展可为缫丝业提供充足的原材料,进而推动缫丝业的不断发展。货币地租之所以会产生这样的效果,是因为货币地租具有劳动地租和产品地租所不曾有的特点。

货币地租是继劳动地租、产品地租之后的封建地租形式,货币地租与前两种地租有其相同之处。货币地租是"单纯由产品地租的形式转化而产生的地租,就像产品地租本身只是已经转化的劳动地租一样。在这里,直接生产者不是把产品,而是把产品的价格付给他的土地所有者""它在实质上和劳动地租、产品地租一样,不代表超过利润的余额"。① 货币地租与前两种地租也有其不同之处,在货币地租形式下,农民的自由度更大了。农民能够自由支配劳动时间,自由地决定种植作物的品种,自由地调整自家生产中农业与家庭手工业的比重。正是由于货币地租拥有这样的特点,因此在珠江三角洲就出现了农民把稻田改为桑基的情况,掀起了"弃田筑塘,废稻树桑"的高潮。

货币地租的实行,就要求农民必须把他所生产的产品部分或全部转化为商品,原先的自给自足性的生产更多地转化为商品生产,因而商品性生产在农民家庭经济中的重要性日益突出。这时,农民不仅关心自家产品的质量和产量,而且关心市场的价格、供求情况。农民对市场的依赖程度也较以前远远加深了,农民的市场意识也日益增强了。农民把自己所生产的产品部分或全部转化为商品的过程,也是一个农民走出自己原先狭小的家庭天地,迈向更为广阔的社会大舞台的过程,实际就是交往不断扩大的过程。随着交往的不断扩大,他们的视野也逐渐开阔,他们的思想意识会逐渐摆脱传统的思想观念的束缚,接受更符合历史规律、顺应历史潮流的新思想。

实行货币地租地区的农民必须把自己生产的蚕茧拿到市场上销售,转化为货币以便交租,改变了原来的生产方式和生活方式,这迫使农民必须进入市场,参与其中,使农民实现了由产品的生产者和消费者转变为商品的生产者和

---

① 马克思、恩格斯:《马克思恩格斯全集》(第 25 卷),人民出版社 1974 年版,第 898—899 页。

消费者的角色转变。农民由最初的被迫进入市场到逐渐适应和利用市场的转变,这一转变推动了农村商品经济和市场经济的发展,这一转变也推动了农民思想观念的转变,由原先的小农意识向商品经济意识、市场经济意识转变。

④随着机器工业的发展,女性的重要性和地位逐步提高,其传统的婚姻观发生了质变,女性意识开始萌生。

机器缫丝厂的出现改变了农村的经济结构,伴随经济结构的改变,农村中维护小农经济的宗族共同体开始把注意力转移到机器缫丝业上——有财力的则投资入股,有劳力的则做工养家——这就使机器缫丝工业有了坚实的社会基础。一旦机器工业的发展有了坚实的社会基础,则工业化发展的阻力就会消失,以工业化为基础的近代文化必然会被人们逐渐接受。

伴随缫丝工业的快速发展,缫丝工人大量增加,而缫丝工人绝大部分是女工。大量农村妇女离开家庭进入工厂,进行集体劳动,打破了传统的男女同工有伤风化的陋习,也改变了男主外、女主内的传统家庭分工模式。随着家庭分工模式的改变,女性在家庭经济中的重要性提高,其地位也在发生变化。这种变化必然会使女性重新认识自己,认识到自己并不是家庭的累赘,可以自己养活自己,甚至帮助家人。缫丝厂的女工"皆能采桑缫丝,一日所得,多者可得七八角,小者亦三四角。……以此自给绰然有余"[1]。原先女子在家缫丝、织布,其劳动产品的价值没有通过货币进行衡量,使女子的劳动被严重低估,甚至把女子看作家庭的累赘,进而导致女子地位低下。现在女子的劳动价值通过工资而体现出来,使整个社会意识到妇女的重要性,同时女子也逐渐认识到自己在家庭、社会中的地位和作用,由此女性意识也开始慢慢觉醒。

部分女性实现了经济上的独立,认为嫁人是人间最羞耻的事,所以她们中的一部分人相约不嫁人。缫丝女工工作压力很大,每天几乎要工作 12 个小时,吃住几乎都在工厂。在诸多因素的共同作用下,缫丝女工中的一部分人衍

---

[1]　胡朴安:《中华全国风俗志》(下编),河北人民出版社 1996 年版,第 387 页。

生出一种新的婚姻观念,即在顺德出现了"自梳女""不落家"习俗。所谓"自梳女"就是一部分缫丝业女工终身不嫁,这虽然不是也不应该是主流意识,但却是一种新的、不同于传统的婚姻观的思想意识,是女性意识萌发的重要标志。这种婚姻观念做法与缫丝工业的发展以及缫丝女工经济上的独立具有直接的联系,也是女性自主独立的表现。

(二)迷信与科学的角逐:铁路修建中的迷信思想的离场

1.铁路修建过程也是近代铁路观念传播的过程

甲午战争前,围绕铁路的修建,洋务派与顽固派进行了长达十年之久的争论。洋务派认为,修建铁路有利于国计、民生、军政、转运、矿务、邮政等,其中"国计、军谋两事尤属富强切要之图"[1]。洋务派的观点和主张基本是正确的,是符合历史发展潮流的。顽固派认为,修建铁路是"资敌""扰民""夺民生计",这种观点和主张是错误的,是逆历史潮流的。这场争论以清政府最终同意修建铁路而结束。这一结局只是表明清政府在行动上接受了铁路,但在思想观念上对铁路的态度是不明朗的,所以甲午战争前所修铁路甚少。

甲午战争后,清政府认识到修建铁路的重要性,决定广筑铁路。这表明清政府的上层统治集团对待铁路的观念发生了根本性变化。由于上层集团的观念发生了重大变化,修建铁路的阻力大大减小,铁路的修建在中国主要地区相继展开,于是在中国大地上掀起了一场轰轰烈烈的修建铁路的高潮。铁路从规划、筹资、修建到运营,其周期有长有短,有的铁路的周期一直延伸到清末新政时期甚至是民国时期。铁路干线的建设经常是建好一段,运营一段,一直到全线贯通并运营。修建铁路是甲午战争后中国工业化的重要内容和亮点,本部分只研究铁路修建对中国文化的影响,关于铁路运营对中国文化的影响,将在清末新政时期工业化中探讨。

---

① 吴汝纶:《李文忠公全集·奏议》(卷39),金陵刻本1908年版,第20页。

甲午战争后,中国铁路修建的过程就是近代铁路观念传播的过程,而对此作出重大贡献的是维新派。

维新派认识到,西方列强主导的近代交通、通信工具的发展对世界产生了前所未有的影响。"轮船铁路电线德律风之属,几缩千程于咫尺,玩地球偌股掌,梯山航海,如履户域,初无所谓中外之限,若古之夷夏。"①近代交通、通信工具缩短了空间与时间的距离,世界各国的联系更为紧密,而且近代世界已离不开近代交通、通信工具了。"环球十万里,大小数百国,非轮舟铁路,何以捷往来? 非电线德律风,何以通文报?"②由此,维新派力倡在中国修建铁路。

康有为比较全面地论述了铁路的重要性,他认为铁路"可缩万里为咫尺,合旬月于昼夜,便于运兵,便于运械,便于赈荒,便于漕运,便于百司走集,便于庶士通学,便于商买运货,便于负担谋生,便于通言语、一风俗,有此数便,不费国帑,而可更得敷千万者,莫如铁路。夫铁路之利,天下昔知。山海关外久已兴筑,今方运兵,其效已见。……天下铁路牌费,西人计之,以为可得七千万,且可移民出于边塞,而荒地辟为腴壤,商货溢于境外,而穷闾化为富民。俄人珲春铁路将成,边患更迫,但为防边已当急筑,况可得巨款哉? 且可裁漕运而省千万之需,去驿铺而溢三百万之项,此铁路宜行二"③。康有为从国家、社会、个人三个层面论述了铁路对于中国的重要性:一是从国家层面看,铁路对于国防、漕运、赈荒、税收、移民、国际贸易等非常重要;二是从社会层面看,铁路对于文化的传播、风俗的统一等十分重要;三是从个人层面看,铁路对于庶士通学、商人贩运等十分便利。

何启、胡礼垣从国家振兴的角度分析铁路的地位。他们认为:"何以言开铁路以振百为也? 事有一着既行,则着着皆因之而兴,一着不行,则着着因之

---

① 谭嗣同:《谭嗣同全集》,中华书局 1981 年版,第 328 页。
② 陈炽:《陈炽集》,中华书局 1997 年版,第 202 页。
③ 中国史学会:《戊戌变法》(二),上海人民出版社 1957 年版,第 141 页。

而废者,今之铁路是也。"①他们提出这一观点的依据是:"天下各国自开辟以来,所以创设工业之件,其利益所收,不能及此一百年内所创之广;而以此一百年内而计之,各工利益所入,合计不能及此铁路一事所获者之多,且合现在所有各工厂雇佣之人,总其数而计之,亦不能及此铁路一事所用之人之众也。凡土地所生,人力所作,无铁路则颓然而废者,有铁路则勃然而兴。凡商旅往来,兵士调动,无铁路则裹足不前者,有铁路则翘足而至。铁路所不到,寂无居人者,铁路所一到,则成都咸邑也。铁路所未设,民成游惰者,铁路若一设,则宅宅田田也。机器营谋,作工者有增亦有减;惟铁路之利便,直如日用饮食之不能无,故推广但见其增不见其减也。商家贩运,持筹者有盈,间亦有亏;惟铁路之稳重,直同子母生财之无或爽,故入息但见其盈不闻其亏也。利路之长,不能婵究。"②何启、胡礼垣认为,铁路的出现与发展使人类在创造财富、扩大就业、促进农业发展、商旅便利、城市的兴起与发展、效率的提高等方面实现了自资本主义产生以来,甚至是人类社会产生以来从未有过的新局面,因此,铁路的修建对于中国的重要性不言而喻,修建铁路应是当下中国的重要任务。

陈炽从国家富强的角度分析铁路的作用,他认为铁路的多寡是衡量一国贫富的标准。他说:"欲考天下万国之贫富,以铁路之多寡定之矣。……今中国之铁路,在天下各国为最少,中国之民生国计,视天下各国为最贫。"③他之所以提出这一论断,是源于他的"商富即国富"的思想,而限制中国"商富"的一个重要因素就是铁路。他认为:"夫商务之要术,转运而已矣。有铁路则运道通而运费省,无铁路则运道塞而运费昂。一通一塞之间,商业之性裹,霄壤悬绝,束手待毙,自窒利源。甚矣夫,当日之阻挠铁路如刘锡鸿者,昔阴祖西人以锢我中国四万万商民之生路者也。自去岁中倭一役,成败利钝,较然可观,廿载迂拘之识论,渐化浮云,逐有商办卢汉铁路之识;而惜乎中国之商情已阻

①　宓汝成:《近代中国铁路史资料》(上册),文海出版社 1977 年版,第 207 页。
②　宓汝成:《近代中国铁路史资料》(上册),文海出版社 1977 年版,第 207 页。
③　宓汝成:《近代中国铁路史资料》(上册),文海出版社 1977 年版,第 214 页。

也,中国之商力已襄也,中国疲敝之商人未必能集此多资和衷共济以修此二千五百里之长道也。时既迫不及待,事须速底于成,上无真知灼见之明,下无蹈厉发扬之气,正恐盈廷聚讼,筑室道谋,他日甫有规模,已有缓不及事之虑矣。"①由于代表近代交通运输最高水平的铁路在中国非常少,导致商品流通的成本增加,最终限制中国商业的发展,因此他主张加快发展中国的铁路事业。同时他也强调了修建铁路对国家安全的重要性和紧迫性。

严复从变革和变法的角度分析了铁路的重要性,认为:"中土今日变周,将以中国铁路通达,为之大因。"②进而他着重分析了铁路对工农商三业以及民众等带来的影响,认为:"铁轨所经既定之后,工农商三业循轨绕驿而兴,不及十稔,而天下之都会形势轻重,偏地异矣。至于道通而民之动者日众,耳目所触,日以殊前,其智虑云为,不得不从之而亦变。"③他预言铁路修建后,铁路附近的工农商会逐步发展起来,并且不到十年,整个中国城市布局将发生重大变化。铁路开通后,民众的流动会不断增加,人们的知识、眼界会不断扩大和提高。基于以上认识,他主张抓住时机,加快发展铁路交通。"及今闲暇,不早为之计,至其时犹欲循旧为治,强方凿而函员枘,其不大乱而败者,不其寡欤。"④如果不能抓住机遇,因循守旧,与世界大势格格不入,没有不败的。只要铁路开通,变法就会不期而至。只有顺应形势发展,才能立于不败之地,趋吉避凶。"铁轨既不能不开,则变法之事不期自至,智者先事以为防,则无往而不福,暗者时至而不及为,将终蒙其大殃。天不为不裘者不寒,地不为不舟者不水,惠吉逆凶,如是而已。"⑤

梁启超从开通风气、革新观念的角度分析修建铁路的意义。他认为:"今日时事,非俟铁路大兴之后,则凡百无可言者。奚以明之? 中国人士寡闻浅

---

① 宓汝成:《近代中国铁路史资料》(上册),文海出版社 1977 年版,第 214—215 页。
② 宓汝成:《近代中国铁路史资料》(上册),文海出版社 1977 年版,第 216 页。
③ 严复:《原富》,商务印书馆 1981 年版,第 311 页。
④ 宓汝成:《近代中国铁路史资料》(上册),文海出版社 1977 年版,第 216 页。
⑤ 宓汝成:《近代中国铁路史资料》(上册),文海出版社 1977 年版,第 216 页。

见,专已守残,数百年若坐暗室之中,一无知觉。创一新学,则阴挠不作力;见一通人,则诋排有如伊雠。此其故,皆坐不兴铁路。铁路既兴之后,耳目一新,故见廓清,人人有海若望洋之思,恍然知经国之道之所在,则不待大声疾呼,自能变易;则必无诋排,必无阴挠;然后余事可以徐举,而大局可以有为。铁路以开风气,又以通利源;风气开则可为之势,利源通则可为之资也。"①

由于维新派的大力提倡,近代铁路观开始深入人心,铁路修筑的观念性障碍基本不复存在,这极大地推动了铁路在中国的修筑。

2. 铁路修建过程还是封建迷信思想离场的过程

甲午战争后,铁路修建的过程不仅是近代铁路观念传播的过程,还是中国封建迷信思想离场的过程。铁路的修建使中国的封建迷信思想开始从近代交通运输领域退出。在洋务运动初期,顽固派把西方的科学技术一概视为魑魅魍魉、奇技淫巧、雕虫小技,加以排斥和反对。针对洋务派提出修建清江线铁路,顽固派提出反对修铁路的理由之一是:"西洋专奉天主、耶稣,不知山川之神。……我中国名山大川,历古沿为祀典。明禋既久,神斯凭焉。倘骤加焚凿,恐惊耳骇目,群视为不祥,山川之神不安,即旱潦之灾易召。"②针对洋务派提出修建津通线铁路,顽固派提出反对修建的理由之一就是:"轮车所过之处,声闻数十里,雷轰电骇,震厉殊常,於地脉不无伤损。本年夏间,京师地震,畿辅一带被灾尤重,至有傍裂沉陷者,论者多咎于唐山阎庄等处铁路。"③在顽固派看来,铁路是会招来灾难的不祥之物,其愚昧无知可见一斑。

甲午战争后,朝野上下基本上不存在借用封建迷信来反对修建铁路的情况。这一现象的发生不仅表明封建迷信思想基本退出近代交通运输领域,而

---

① 李华兴:《梁启超选集》,人民出版社1984年版,第1页。

② 中国科学院近代史研究所,中央档案馆明清档案部编辑组:《洋务运动》(六),上海人民出版社1962年版,第152页。

③ 中国科学院近代史研究所,中央档案馆明清档案部编辑组:《洋务运动》(六),上海人民出版社1962年版,第210页。

且也在表明封建迷信思想开始逐步退出科技领域和以科技为基础的其他领域。伴随着封建迷信思想的逐渐退出，表明中国人已不再抵触西方的近代科技文明，也表明中国人开始渐渐地接受西方的科技文明。

（三）你方唱罢我登场：矿业发展下的新旧观念的交替

1. 矿业政策调整与传统经济观的退却

19世纪70年代，洋务派创办了近代民用企业，其中包括矿业。之所以创办矿业，正如李鸿章所言："船炮、机器之用，非铁不成，非煤不济。"①

洋务派兴办矿业与之前中国已办矿业的不同之处在于，洋务派兴办的矿业开始使用机器开采。因为采用传统的采煤方法只能采掘浅层的煤，而浅层的煤不能用于军事工业的生产制造，在只兴办军事工业阶段，生产制造所需的煤铁完全依赖进口。完全依赖进口存在诸多弊端，主要有以下三点：一是国库空虚，无力长期支付巨额开支。两次鸦片战争和太平天国农民战争使国库空虚，入不敷出，"凡有可设法省财之处，历经搜括无遗，商困民穷，势已岌岌"②。于是，采用西法开采深层优质煤炭被提到议事日程上来。二是单纯依赖进口，难免受制于人。中国所需煤铁从遥远的西方通过海运运到中国，导致中国无法掌控煤铁价格、运输周期等，"转运艰而价值贵，且恐不可常恃"③，因此必须另想出路。三是一旦发生战争，可能会出现无煤铁可用的被动局面。因为战争一旦爆发，西方列强可能会取消煤铁供给，或因战争爆发导致航线中断，煤铁无法运达，其结局必然是"不仅各铁厂废工坐困，即已成轮船无煤则寸步不行，可忧孰甚"④。因此，采用西方技术采煤已势在必行。

---

① 中国科学院近代史研究所，中央档案馆明清档案部编辑组：《洋务运动》（五），上海人民出版社1962年版，第123页。

② 李鸿章：《李义忠公全集》（译署函稿），第13卷，第18页。

③ 李鸿章：《李文忠公全集》（奏稿），第40卷，第46页。

④ 李鸿章：《李鸿章全集》（奏稿），第19卷，第49页。

　　当然,在甲午战争前,洋务派兴办近代矿业不是没有障碍的,其中障碍之一就是来自顽固派的反对。清朝统治集团中的顽固派把包括机器采煤在内的近代工业等,视为"奇技淫巧",主张坚决予以禁止。例如,倭仁认为:"开矿有害无利,何以当道必欲行之。"①

　　洋务派兴办矿业的一个重要目的就是"开源"。顽固派囿于传统经济思想,认为物产是有限的,所以无从开源,如果开源,就是少数人剥削多数人。"天地物产,只有此数。一人华服,必有数人受其寒者;一人鼎食,必有数人受其饥者;一人作淫巧,必有数人倾其产者。"②顽固派以农为本的思想根深蒂固,并且不了解世界发展大势,仍顽固地坚持认为农业是财富之源,是财富之本,所以他们主张的所谓的"开源",就是要恤农贵农。"四民生机皆仰给于农,国家正供亦专取于农,此真所谓财之源也。"③顽固派还把"开源"理解为在原有捐税基础上,进一步增加额度。基于以上两方面的认识,顽固派主张"节流",反对"开源",即便是要开源,也不能离开农业这一根本,而去凿山开矿。

　　关于机器生产问题,通政使司于凌辰认为:"洋人之所长在机器,中国之所贵在人心。"④礼义廉耻是立国之本,如果一味地大搞机器生产,讲西学,就会导致国人不重视封建纲常,人心大乱。湖南巡抚王文韶认为,推行机器生产,则会出现"失业者渐众,胥天下为游民,其害不胜言矣"⑤。所以他认为坚决不能动摇"男耕女织"这一格局。江苏巡抚吴文炳也有类似的看法,认为:

---

　　① 《倭文端公遗书》(卷8),1877年,广东翰元楼刻本,第21页。
　　② 中国科学院近代史研究所,中央档案馆明清档案部编辑组:《洋务运动》(一),上海人民出版社1962年版,第217页。
　　③ 中国科学院近代史研究所,中央档案馆明清档案部编辑组:《洋务运动》(一),上海人民出版社1962年版,第363页。
　　④ 中国科学院近代史研究所,中央档案馆明清档案部编辑组:《洋务运动》(一),上海人民出版社1962年版,第121页。
　　⑤ 中国科学院近代史研究所,中央档案馆明清档案部编辑组:《洋务运动》(一),上海人民出版社1962年版,第94页。

"民劳则善心生，耕织之务不宜导以奇巧。"①在矿业问题上，山东巡抚丁宝桢反对兴办近代矿业，认为开矿尽管能获一时之利，当矿产资源采尽，工人失业，就会出现事与愿违的结局。"无业之辈能聚而不能散，势必酿成事端，是欲筹饷以御外侮，转至内患丛生，外侮亦无从筹御。"②在办矿业、开利源问题上，两江总督李宗羲则认为："自古以来，能节用者，国未必不富；谋聚敛者，国未必不穷。盖利端一开，则上下交征，人主之侈心必生，贪吏之盗心愈炽，而所入转不敌所出。"③

上述王公大臣们的意见虽然清廷未予采纳，但也并未给予否定，清政府这种暧昧的态度是不利于近代矿业发展的。

甲午战争后，中国矿业的发展进入了新阶段，矿业开采出现了前所未有的新局面。甲午战争后，清政府允许民间设厂，并于1898年制定了《矿务铁路公共章程二十二条》，以鼓励社会各界开办路矿。地方官员也大力倡导兴办近代矿业。1895年陈宝箴任湖南巡抚，他从湖南的实际情况出发，认为："湖南山多田少，物产不丰，而山势层迭奥衍，多矿石之质类，不宜于树艺；唯五金之矿，多出其中，煤铁所在多有，小民之无田可耕者，每赖以此谋生。"④因此，他主张发展湖南矿业，解决百姓的生计问题。陈宝箴发展矿业的目的不仅限于此，他更认识到兴办矿业有利于自强。"况值湘省旱灾，截漕备赈，仰烦圣廑，矿产为自然之利，正宜设法经理，少佐赈需。且行之目前，既可以工代赈，如渐办有成效，尤可次第推广，以为练兵、制械之资，冀补库藏之所不逮。"⑤以陈宝

①　中国科学院近代史研究所，中央档案馆明清档案部编辑组：《洋务运动》（一），上海人民出版社1962年版，第124页。
②　中国科学院近代史研究所，中央档案馆明清档案部编辑组：《洋务运动》（一），上海人民出版社1962年版，第99页。
③　中国科学院近代史研究所，中央档案馆明清档案部编辑组：《洋务运动》（一），上海人民出版社1962年版，第74页。
④　中国第一历史档案馆：《光绪朝朱批奏折》（第一〇一辑），中华书局1996年版，第1081—1082页。
⑤　《陈宝箴开办湘省矿务疏》，《湖南历史资料》，湖南人民出版社1958年版，第4期。

箴为代表的地方官员已经认识到兴办近代矿业不仅有利于解决民生问题,更认识到发展近代矿业对国家强大的重要性,因此出现了地方官员无不提倡发展近代开矿业的局面。

地方绅士建言献策,积极配合,以图发展近代矿业。湖南绅士邹代钧向巡抚陈宝箴建议:大力开发湖南矿产,认为"湖南得公大可为,所患者贫瘠耳,然贫于人而不贫于地,五金百宝所在有之,欲求富强,非开矿不可"①。在推行西法采矿的过程中,也遇到守旧观念、风气闭塞等方面的阻力,但地方绅士则能亲自出面大力提倡西方机器开采的益处。1896年,矿务局在湖南宁乡县创办煤矿,就遇到当地百姓风水之说的阻挠和对西法采煤的怀疑,幸有当地绅士熊世池宣传得法,使风气渐开,煤矿得以顺利地使用西法开采并获得成功。②

甲午战争后,围绕开矿不再有"本末""义利"的争论和迷信思想的阻挠,举国上下都认识到发展近代矿业于民于国皆两利。甲午战争后,近代矿业的大规模兴起,使得传统的本末观、义利观以及封建迷信思想、传统习惯势力开始退出这一产业领域,科学思想、科学技术被人们所接受,民族利益、国家利益、百姓利益开始走入人们的视野。

甲午战争后,中国矿业大规模兴起,也标志着中国从"以农立国"到"以工立国"观念的转变。

2. 矿业的发展与新观念登场

鸦片战争前中国就已经开始从事矿业的开采。但是,由于中国是一个自给自足的小农经济的封建社会,是一个相对封闭的社会,因此对矿产品的需求量有限,进而限制了中国矿业有更大的发展。鸦片战争后,情况发生了重大变化,中国开始了洋务运动,需要各种矿产品,特别是煤炭和铁矿。19世纪70

---

① 转引自洪认清《陈宝箴与湖南矿业近代化的发端》,《淮北煤师院学报》2001年第6期。
② 中国第一历史档案馆:《光绪朝朱批奏折》(第一〇一辑),中华书局1996年版,第27页。

年代,中国的矿业进入了一个新的发展时期,但在整个19世纪七八十年代,矿业的发展主要是作为原材料,为了满足军事工业、民用工业的需要。但甲午战争后,矿业的身份地位发生了重大变化,它已经不仅是作为供给军事工业、民用工业的原材料,而且成为国家获取财政收入的重要方面;它不仅在国内市场上销售,而且也在国际市场上销售。随着民族资本主义近代矿业的发展,一些新的思想和观念开始出现。

(1)煤矿业的发展诱发国人采纳西方的技术和观念

鸦片战争前,煤炭在国计民生中具有重要地位,但时人仅仅站在自给自足的自然经济的角度看待煤炭业;鸦片战争后,煤炭业仍然在国计民生中占有重要地位并越来越重要,但人们看待煤炭的角度却发生了变化,转变为站在市场经济的角度、增加财政收入的角度、实现国家富强的角度来看待煤炭业。

第二次鸦片战争后,为了解决洋务企业对煤炭的需求,清政府开始兴办近代煤矿。甲午战争后,中国民间掀起了创办煤矿的浪潮。随着煤矿业的发展,迷信观念被破除。"今则时与势皆大异矣。当时土人不复以地龙为惧(相传前者土人皆迷信,矿穴深处有地龙掩卧其中,一经触动便出为祟),魔障既破,经营自易。"①破除迷信后,中国矿业的发展面临的主要问题是技术和运输。在中国近代煤矿兴办前,中国的煤炭开采与西方国家相比,所采用的技术十分落后。中国近代煤矿开始引进西方先进的开采技术,这一技术的引进不仅提高了效率,而且意味着中国人对西方技术已不再排斥。随着对西方技术的广泛使用,越来越多的人认识到西方技术的先进性,开始由被动引进和使用西方技术到主动引进和使用西方技术。西方技术已不再是魑魅魍魉,且西方技术在中国得以快速传播和使用。

近代中国工业主要集中在沿海地区,而煤矿一般都地处偏远山区,距离城市较远。随着中国工业化的发展,煤炭的需求量日益增长,而完全依靠国际市

---

① 沈云龙:《近代中国史丛刊续编》(第五十五辑刊),文海出版社1966年版,第2859页。

场提供煤炭有诸多不便,因此开采本国煤炭势在必行。煤炭开采后面临的一个棘手的问题就是如何避免积压,把开采的煤炭及时运出去并销售。由于传统的运输工具不能满足日益增长的对煤炭的需求,采用现代交通运输工具迫在眉睫,而运输煤炭最好的交通工具就是铁路。对煤炭企业而言,铁路是将产品变为财富的不可或缺的重要一环。例如徐州煤矿,由于徐州没有铁路,徐州煤矿所产之煤的陆路运输是靠牛车进行的,导致煤炭滞销。为此,胡碧澂前往天津面谒李鸿章,请求修建铁路,解决煤炭运输问题。与传统的煤炭运输工具相比,以机器牵引的铁路运输在速度、运力、效率等方面具有明显的优势。开平煤矿修建的首条铁路很好地说明了这一问题。开平煤矿投产后,为了解决运输问题,修建了首条铁路。最初是用马拉,不久改为机器运输。这种变化说明铁路代表着速度、运力及效率。煤炭业要实现持续稳定的发展,修建铁路是必须要做的,因而求生存求发展的煤炭业,极力主张修建铁路。随着中国工业化的发展,城市化也在加速发展,城市对煤炭的需求日益增多。为了满足城市对煤炭的需求,修建铁路已是人心所向。煤炭需求与供给的双方共同推动铁路在中国的修建,铁路及铁路运输已被中国人所接受,铁路运输所带来的速度、运力、效率、财富等近代观念,也就随之进入人们的头脑中并颠覆了人们的传统观念。

需要补充的是,不仅煤炭业的发展促使中国人开始采纳西方近代运输工具——铁路运输,其他金属矿业的发展更需要铁路运输。大冶铁矿的开采就是一个例证。汉阳铁厂所用铁矿石主要来源于大冶铁矿,而大冶到汉阳直线距离有100多公里。汉阳铁厂年产生铁2万多吨,所需铁矿石4万多吨,传统的交通运输工具是无法满足汉阳铁厂的生产需要的,修建铁路是唯一的选择,大冶铁路不仅包括运矿车,还包括客车。大冶铁路的修建极大地提高了运输效率,同时也给周围民众出行带来了极大的方便。铁路因其效率、方便而被越来越多的人所接受、所欢迎,效率、快捷因铁路而成为人们新观念的重要内容之一。

(2)煤炭业的发展培养了近代市场观念

中国煤炭分布广泛,甲午战争后,河北、湖南、江西等省都有煤炭开采,并逐渐形成了中国的煤炭市场。在煤炭市场,各地、各国的煤炭展开了竞争,出现了大同煤与唐山煤的竞争、阳泉煤与安南煤的竞争,开平煤与日本煤的竞争。在开平煤矿兴建之前,天津地区主要使用日本煤炭。自开平产煤后,这种局面发生了根本性变化,1882 年开平所产煤炭开始向天津地区销售,由于开平煤炭质优价廉,很快动摇了日本煤炭在天津的优势地位,致使日本煤炭在天津市场的份额不断萎缩,到 19 世纪 90 年代,天津市场则"无复有洋煤进口了"①。随着煤炭业的发展,市场竞争意识得到了培养。

中国的煤炭当仅仅是供洋务企业所用时,它给人们的直观感觉就如同鸦片战争前中国的矿产品开采主要供政府使用一样,因此人们对煤炭的认识还是处于把煤炭仅仅视为一种燃料的阶段。当中国的煤炭开始通过市场交易供给在中国的西方企业和个人使用时,人们发现煤炭给中国带来了实实在在的利益,进而推动中国人开始从事煤炭的开采,这时人们对煤炭的认识已从煤炭仅仅是一种燃料到煤炭是一种商品的转变。当煤炭成为一种商品时,煤炭生产、销售所隐含的近代商品观念、市场观念被推崇和信仰,小农社会的商品观念因而被取代。

(3)煤炭业的发展改变着矿区的传统观念

近代中国煤矿有一部分是由民间资本主办的,而民间资本主办的煤矿中又有很多是由地方士绅主办的。为了获利,地方士绅开办的煤矿也必须使用西方的近代技术,而采用西方先进技术采煤使他们必须成为先进技术的拥护者,起码不是一个反对者。这不仅有利于西方科学技术在广大农村的传播和被接受,还有利于开农村之风气。地方士绅开办煤矿无疑是逐利的,这与他们所秉持的传统的义利观是相悖的,这也意味着他们必须放弃传

---

① 孙海泉:《开平煤矿近代化进程简述》,《徐州师范学院学报》1992 年第 1 期。

统的义利观。只有放弃传统的义利观,他们才有可能没有束缚地逐利、获利,否则必然被历史所淘汰。他们对传统义利观的放弃必然影响着整个农村社会的义利观,进而以他们新的义利观为行动指南,对整个农村进行新的塑造。

采矿业的发展推动人们身份观念的转变。甲午战争后,随着采矿业的发展,许多矿场开始大量购买矿山以扩大规模,出现了地权转移。伴随着地权转移的是原有土地所有者身份的转变,他们中的一部分到他处购地,继续过着原先的生活,一部分则改行从事工商业。随着采矿业的发展,来自当地和外地的农民成为采矿业工人。随着一处矿业的发展和兴盛,甚至出现当地富户变卖田产改行工商。人们越来越将目光从传统的农业领域转向快速致富的工商领域,追求财富成为时尚。人们自觉自愿的身份转换是在用实际行动冲击"士农工商"的传统观念。"士农工商"观念的衰落,以及追求财富成为时尚,说明传统的四民等级秩序解体的帷幕已经拉开,新的国民秩序已开始显现,一个近代社会的国民秩序观念开始萌生。

(4)煤炭业的发展促进了西方科技的传播

随着煤炭业的发展,急需懂技术、懂管理的人才,当国家层面不能满足煤炭业发展需要的时候,个别煤炭企业便自己建立专门培养煤炭人才的学校。1899年12月,萍乡煤矿创办了萍矿矿务学堂,它是我国煤炭行业最早创办的职业技术学校。这类学校的创办,有利于近代矿冶技术的传播,对这一技术领域的学习和研究,使青年学生更能宏观地了解西方科学技术的全貌,有利于西方科学技术在我国的传播。

(5)金属矿业的发展催生了世界市场意识

近代中国矿业的发展主要是满足国内市场的需求,但由于中国工业化水平较低,部分矿产品国内需求较小,因此导致部分矿产品主要是供给国际市场,更多的是受国际市场的影响。云南的锡矿就属于这种情况。

鸦片战争前,云南的锡矿主要用于政府铸币,其他方面使用很少,这就限制了锡矿的发展。鸦片战争后,中国市场和国际市场连成一片,国际市场对锡的需求旺盛,推动了云南锡矿业的发展。特别是蒙自开关后,中国的锡矿出口更加便捷,中国锡的出口量逐年增加,推动了云南锡矿业的发展,中国的锡与国际市场的联系更加紧密。云南锡矿的生产具有了国际性,是国际市场的一部分,世界市场的意识必然逐渐渗透到国人的思想意识之中。在这一渗透过程中,国人必然是逐渐了解、适应、接受西方的规则,用西方的规则、标准来规范锡矿的生产和发展。这一过程也意味着中国原有规则或向西方靠拢,或被淘汰的过程,这也是中国文化自觉或不自觉的变迁过程。

（6）矿业的发展转变了士绅的观念

中国封建时代统治者实行重农抑商的政策,商人的地位处于"士农工商"的底层。洋务运动以来,中国商人的地位开始逐步提高,甲午战争后,大批士绅开始兴办采矿业,在"实业救国"的号召下,士绅把投身实业与救亡相联系,使他们从事工商业具有了合理性、正当性。士绅们从事采矿业,使得他们亦绅亦商,使得"士农工商"这一传统的四民阶层之间的界限受到冲击,传统的"士农工商"的观念开始淡化。

实业救国就是发展中国工业,挽救民族危亡。士绅以实业救国为号召,从事近代资本主义生产。这样一来,从事资本主义生产既是爱国主义的壮举,又是追求财富的行为,从而使追求财富获得了合法性根据。士绅追求财富再也不是见利忘义的行为,而是爱国主义的壮举,传统的重义轻利的义利观不再具有正义性、正当性,束缚士绅追求财富的道德枷锁被打破,追求财富逐渐被社会认可。

士绅阶层开始投资于近代工商业,是甲午战争后中国工业化与之前的工业化相比,最为明显的变化。士绅是中国封建统治的中坚力量,他们投身于近代工商业,实际上是他们以自己的行为来否定中国封建社会长期惯行的"重农抑商"政策。这就为人们投身于近代工商业树立了榜样,具有示范作用,也为发展近代工商业在思想观念上扫清了障碍,开拓了人们的视野,打破了束缚中国人发展资本主义的精神和心理枷锁。甲午战争后的中国工业化使中国长期奉行的"重农抑商"政策逐渐淡出人们的视野。弃文从商在京城和沿江沿海沿铁路线地区开始流行,即便是内陆地区也有所体现。"近来吾乡风气大坏,视读书甚轻,视为商甚重。才华秀美之子弟,率皆出门为商,而读书者寥寥无几,甚且有既游庠序,竟弃儒就商者……当此之时,为商者十八九,读书者十一二。"①

(四)地方"自治"思想:路矿业发展下的"省"意识的兴起

1. 厘金制度的推行催生了"省"意识

太平天国运动兴起后,鉴于中央财政极度困乏、八旗绿营军队极度腐败,清政府被迫将财政权和军事权下移,其标志是厘金制度的推行。"我国道光以前,财权操自户部,各省不得滥请丝毫……咸丰以后,各省用兵,大吏率多自筹,从未仰给京部。"②厘金制度推行后,各省督抚不但掌握一省军队,而且还掌握一省的财政,进而拥有人事权、外交权等,各省督抚一改太平天国运动兴起前其权力受到一定限制的局面,最终在各省拥有了至高无上的权力。各省督抚都非常清楚他们之所以在一省拥有至高无上的权力,源于掌握一省的财政,因此拥有权力后的各省督抚要想维护、巩固甚至不断扩大权力,都需要财政的支持。而要获得财政的持续支持就必须发展地方经济,从而使督抚由原先中央的代言人变为地方利益的集中代表。几乎所有的督抚都没有放弃权力的打算,而维护和巩固好自己权力的最好办法就是通过发展经济把军权、财权牢牢把握在自己手里。这必然出现各省督抚以各省

① 刘大鹏:《退想斋日记》,山西人民出版社 1990 年版,第 17 页。
② 故宫博物院明清档案部:《清末筹备立宪档案史料》(下册),中华书局 1979 年版,第1054 页。

人民的名义发展经济的局面。

2.铁路的修建助长了"省"意识

(1)各省督抚与"省"意识

地方经济不仅包括传统的封建经济,更为重要的是,还包括资本主义经济。当时资本主义经济包括政府主导的洋务运动和后期的清末新政及民间力量自发兴起的资本主义经济。甲午战争后,洋务运动的主要着力点放在铁路的修建上。各省督抚都非常清楚铁路对国家、对地方的重要性,因此力主在自己所在的省修建铁路。

甲午战争后,中国工业化与此前的工业化相比有很多不同之处。甲午战争前的工业化主要集中在上海、广州、天津等沿海城市,是以城市为单位,各自独立进行的。甲午战争后,中国工业化主要集中在铁路的修建、矿产的开采等方面,工业化分布在全国 14 个省,是以省为单位,相互协力进行的。

①在这一过程中,各省督抚出于国家、民族利益的考虑,出于自身权力巩固的考虑,以"本省"为号召,以图聚集全省的社会舆论,形成更大的社会动员,促使中央政府的铁路规划和实施能考虑到"本省"的利益。湘、鄂、粤三省兴建粤汉铁路的倡议中,湘、鄂、粤三省督抚均以三省绅商的名义,要求中央政府卢汉铁路应经由湖南。湘、鄂、粤三省督抚认为卢汉铁路应经由湖南,宏观上,一是出于国防战略的考虑。"窃闻卢汉铁路开办之初,会蒙奏明北干路工竣后,再由汉接展至粤南干线。其间经由之地,或湖南,或江西,尚未指明地段。是原议专注北干,固明于本末先后轻重缓急之分。惟近来强邻日逼,时事日非,其情形与昔不同,则办法自当稍异。非徒南干线路,宜一时并举,而经由之地,且必须顺道于湖南者。中国幅员广远,南北相距万里,恃大海以通声气。今海军既无力能兴,设有外变消息,中段隔若异域,呼应不灵,必内地造有铁路,方可连为一气。广东财富之区,中日之役,数百万军饷,一朝而集,南方有

此要害,未可失也。此南干铁路之所移速修也。"①二是出于本省经济发展的考虑。"湘中矿产富饶,运道一通,销场极畅,而由鄂、湘达粤中,无大河之隔。自郴州逾骑田岭,复有前广东布政使王藩司之春所修山路,甚为平坦,因而用之,工程较省,比之卢汉,利益更厚。从前议办铁路时,粤商自谓能多集股份,然愿入南干而不愿入北干者,以其重利所在也,兹有此举,巨资可筹。三省人士,往返亟商,意见均合,亟为和众丰财,可期并举。"②而且他们认为,粤汉铁路经由湖南还有两点微观层面的原因:一是湖南具有修建铁路的实力。"初议由汉至粤,本拟绕道江西。然准其地望,如行于弦之上,较湖南为遥远。今广西铁路已在龙州发端,设有人欲求由此接展入湖南境内,直抵汉口,以拊我之背,则我所造江西至粤之铁路,利权尽为彼所分夺矣。况西贡较香港尤近,西南洋公司船之货物,群趋便捷,必不肯舍近而泊远,其理至明。定计道出湖南,则广西铁路即成,亦只能为我路之枝路。此铁路之所宜道出湖南也。近者湘人请求时务,风气渐新,电线之设,毫无阻碍。又恐他人先我而办铁路,切肤之痛。"③二是便于本省军队调遣和本省兴办矿业。"臣(王文韶,作者注)等与湖南抚臣陈宝箴函电互商,该抚臣电称国家创兴大政,以立自强之基,卢汉已行,鄂粤继举,江湘莫非王土,岂能有所阻挠。况湘人素怀忠义,近来绅士尤多通晓时务,不泥故见。并据湖南在藉绅士翰林院庶士熊希龄、江苏候补道蒋德钧,来鄂与臣之洞、宣怀面商,如取道郴、永、衡、长由武昌以达汉口,则路较直接;湘中风气刚健,他日练兵,可供征调。矿产尤丰厚,地利亦可蔚兴。此粤汉铁路之宜折而入湘者又一也。"④

　　②各省督抚还以"本省"为号召,以图举全省之力,发展经济。清政府在规划修建卢汉铁路期间,沿途各省也纷纷筹划修建支路与卢汉铁路连接,至于

---

① 宓汝成:《近代中国铁路史资料》(上册),文海出版社1977年版,第494页。
② 宓汝成:《近代中国铁路史资料》(上册),文海出版社1977年版,第494页。
③ 宓汝成:《近代中国铁路史资料》(上册),文海出版社1977年版,第494页。
④ 宓汝成:《近代中国铁路史资料》(上册),文海出版社1977年版,第496—497页。

修建所需费用，都提出依靠"本省"力量筹款解决。当卢汉铁路途经山西省时，山西省以运输山西煤炭为由，提出自筹经费，修建支路。"晋省物产沃衍，尤饶煤铁，会鄂督张之洞疏言利用晋铁，胡聘之即推原此议，于是年五月初间疏请开办太原至正定枝路，以接卢汉干路，由山西商务局借洋款兴造，以便转输，而期开拓。"①至于修铁路借洋款问题，也强调这是山西省所为，与国家无关。"窃晋省矿务、铁路，前因工本过巨，专恃本省集股，断难有成，经臣奏准归商自借洋款承办。……声明所借之款，商借商还，毋庸国家作保等语。……声明所备之款，系两国商人自相筹备，与国家毫不干涉。"②

（2）各省商人与"省"意识

甲午战争后，各省商人从"本省"利益出发，也纷纷参与到铁路的兴建之中。在两广铁路的规划过程中，广东商人主动参与，建言献策。广东商人何献墀认为，两广铁路的修建与运营能否成功的关键是由民间资本运作，地方政府不要干涉。"凡两省所有铁路、矿务，均归一手经理，官不遥制，人自乐从。"③如果这个条件得到满足，那么两广铁路的修建与运营，前景可期。"若鄙议得行，将不费公家一帑，而驿路通，矿政举，关税之微旺，地产之利兴。"④

在具体操作上，何献墀提出了三个方面的建议。一是成立公司。"拟取名两广全省铁路公司。……专办建筑两省铁路，兼开采各属金银铜铁锡煤等矿，余外生理，概不搀入，一专经营。"⑤以借鉴外国铁路运营的经验和甲午战争前洋务运动的教训，他提议以公司的形式经营两省铁路，专营两省铁路和铁路附近矿产的开采，为两省谋利益。二是成立董事会。"此次铁路矿务，事属创始，其出名承商之经理，应请由部颁给照谕，或由本省抚督宪发札，以重事权

---

① 宓汝成：《近代中国铁路史资料》（上册），文海出版社 1977 年版，第 406 页。
② 宓汝成：《近代中国铁路史资料》（上册），文海出版社 1977 年版，第 409 页。
③ 宓汝成：《近代中国铁路史资料》（上册），文海出版社 1977 年版，第 244 页。
④ 宓汝成：《近代中国铁路史资料》（上册），文海出版社 1977 年版，第 244 页。
⑤ 宓汝成：《近代中国铁路史资料》（上册），文海出版社 1977 年版，第 244 页。

外,其余司事人等拟由众股商保举,归总理酌派职事。"①两广全省铁路公司的经理或由中央任命,或由本省督抚任命,其余董事会成员由股东推荐,这既有利于股东利益,也有利于本省铁路发展。三是招募本地工人修建铁路,解决本地居民生计问题。"铁路矿务,各有就近之地,必先本地有益,始足以联声气而息纠纷。除匠头技师及各项紧要职役,须雇佣外来熟习之人充当外,其余所用人役,拟先就土著雇募,不许外来游棍冒充,俾附近居民,藉谋生活。仍取其殷实担保,编列花名册存案,并挑取夫头管工,以资约束。"②对于修建铁路所需建筑工人,他主张雇用铁路附近的居民,这一方面既可以降低用工成本,另一方面又有利于附近居民的生计。

广东商人何献墀的建议都是以本省为出发点,为本省谋利益,对本省民众极具号召力和影响力,在这个过程中本省的意识在不断地深入人心。

铁路的修建不同于洋务运动兴办的军事工业及民用企业,它涉及各个方面,需要统筹协调。张之洞认为,修建铁路首先需要地方督抚的领导,因为甲午战争后的铁路修建基本是各省督抚联合行动的,各省督抚在铁路修筑中起着重要作用。"非有地方大员,不足以号令州县。"③其次修建铁路需要有专业技术人员,因为"非有熟悉铁路之员,不足以总理庶务"④。最后修建铁路需要有士绅的参与。因为"尤非有公正乡绅,不足以督率绅商,联络官场,以通官绅商之情"⑤。在苏沪铁路修建中,苏籍绅士前国子监祭酒陆润庠因为有名望、敢于担当,在他的号召下,众商人对修建铁路极为踊跃,所以"已照会该祭酒,商请其督率绅商,联络一气"⑥。在修建铁路过程中,顺应时代潮流的各省绅士以自己的远见卓识大力鼓动本省各界人士积极投身其中。

---

① 宓汝成:《近代中国铁路史资料》(上册),文海出版社1977年版,第244页。
② 宓汝成:《近代中国铁路史资料》(上册),文海出版社1977年版,第244页。
③ 宓汝成:《近代中国铁路史资料》(上册),文海出版社1977年版,第440页。
④ 宓汝成:《近代中国铁路史资料》(上册),文海出版社1977年版,第440页。
⑤ 宓汝成:《近代中国铁路史资料》(上册),文海出版社1977年版,第440页。
⑥ 宓汝成:《近代中国铁路史资料》(上册),文海出版社1977年版,第440页。

（3）铁路政策与"省"意识

清政府在甲午战争后主张修建铁路时,由于财政匮乏,更由于"道路较长,经费亦钜",于是发布政令:"各省富商如有集股至千万两以上者,准其设立公司,实力兴筑",并承诺"事归商办,一切赢绌官不与闻"[1]。由此,清政府的铁路政策更加助长了"省"意识。

甲午战争前,中国工业化主要集中在沿海、沿江的大城市中或省会城市中。甲午战争后,以开办路矿为主要内容的中国工业化开始突破中心城市的局限,开始向内陆省份延伸,以及向内陆省份的非中心区域延伸。甲午战争前,中国近代企业基本上是分散的,各自独立经营,甲午战争后,矿业,特别是铁路的兴建涉及诸多省份,需要协力兴办与经营,所以,要兴办近代路矿业,一省之内官、绅、商、学的密切合作与配合是必不可少的。这种密切合作与配合,使"省"的意识开始凸显出来。

（五）公司意识的出现：企业组织形式变革引发观念的变革

甲午战争前,洋务派创办的军事工业都是官办的,而民用工业除少数采取官办或官商合办的方式外,多数都采取官督商办股份制的企业组织形式。之所以对民用工业采取官督商办股份制的企业组织形式,其原因主要有三:一是洋务派急需一批民用工业弥补所举创的军事工业所不断需要的巨大经费以及军事工业的原料、燃料供应的缺口。二是鸦片战争后,随着外国资本主义的入侵,农村经济日益衰落,作为税收的主要承担者的农民日益破产,导致清政府的税收日渐枯竭,清政府急需发展近代工业以缓解财政危机。三是鸦片战争后,士绅阶层将目光转向近代企业,以图获取更多利润;买办商人也想投资近代企业,以赚取更多的财富;民间资本也想投资近代企业,以获取更多的收益。这样,在清政府的许可、洋务派的主导、各路资本的参与下,19 世纪 70 年代,

---

[1] 《清实录》,德宗朝,卷 376,第 7 页。

官督商办的民用企业开始在中国出现。洋务派设计的官督商办的企业组织形式在实践中越来越显示出弊端。所谓官督,就是"员董由官用舍,账目由官稽查,仍属商为承办,而官为维持也"①。也就是说,官督包括用人决定权(员董由官用舍)、经营监督权(账目由官稽查)、扶持、维护义务(官为维持)。所谓商办,就是"商务应由商任,不能由官任之"②"所有盈亏全归商人,与官无涉"③,亦即企业的经营权应由商董掌握。但实际情况是:企业的人事权、监督权、经营权全被官方所侵夺,出现了商股商董完全无权的境地,总办、会办、帮办以及腐朽的官场习气在企业盛行。官督商办的民用企业不能按照资本主义市场经济规律获得自由发展,收效甚微,声誉扫地。

鸦片战争后,特别是洋务运动后,追求富强成为国人的目标和共识。实现富强已经不能像以前那样依靠发展农业就可成功,对于近代而言,实现富强要通过近代企业的生产来完成,所以,甲午战争前,洋务派兴办了为数不少的官督商办企业,以图实现富国强兵的目标。甲午战败,标志着洋务运动的破产,但这并不意味着洋务企业的破产,当然也不能否认洋务企业与甲午战败没有任何关系。那么洋务企业存在哪些问题,以至于这些企业在甲午战争中没有充分发挥其应有的作用? 中国人以西方公司为参照系,对官督商办的洋务企业开始反思。近代以来,追求富强是中国人的梦想,也是国人考虑一切问题的出发点和归宿,也成为当时中国人的一种思维方式。基于此,当时国人对公司的考察也绝对离不开富强这一主题,因此,他们对公司的认识主要基于聚财和聚力两个方面。

甲午战争后,国人提出"实业救国"的主张,实践已证明,把洋务派的官督商办企业作为实业的载体是没有出路的,不可能救国。为了实现实业救国,国

---

① 汪敬虞:《从上海机器织布局看洋务运动和资本主义发展关系问题》,《新建设》1963年第8期。

② 郑观应:《盛世危言·开矿》(上),商务印书馆1964年版,第75页。

③ 郑观应:《盛世危言后编》(卷7),商务印书馆1964年版,第465页。

人开始重新审视实业的载体,对西方企业的载体——公司进行更进一步的认识和研究,这些认识和研究主要集中在以下几个方面:

(1)对公司的集资功能有了比较清晰的认识

公司可以"聚财",所谓"聚财"就是加速资本的集中。马克思指出:假如必须等待积累去使某些资本增长到能够修建铁路的程度,那么恐怕直到今天世界上还没有铁路。但是集中通过股份公司,转瞬之间就把这件事完成了。① 甲午战争后,国人已经认识到公司具有聚集大量资本的优越性。公司所拥有的资金不是一人、一家、一国所提供的,因此"外洋商务制胜之道在于公司,凡有大兴作、大贸易,必纠集散股,厚其资本"②;"苟无公司,则一二人之力断不能措置裕如。无论设一厂、立一行,其资本有多至数百万数千万者,至于工程则尤非公司不足以竟其事。……惟可和众人之财,斯能得众人之利。……聚财愈多,斯建业愈宏,得利愈厚"③。

公司聚财是为了建业、得利,一国有这样的公司就"可以制胜,可以克敌"④。康有为等人的"公车上书"就指出:"一人之识未周,不若合众议;一人之力有限,不若合公股。故有大会、大公司,国家助之,力量易厚,商务乃可远及四洲。明时葡萄牙之通澳门,荷兰之收南洋,英人乾隆时之取印度,道光时之犯广州,非其政府之力,乃其公司之权。盖民力既合,有国助之,不独可以富强,且可以辟地。"⑤在这里,康有为等认为公司不仅可以实现国家富强,而且还可以开疆拓土。

陈炽以英国为例,指出公司的优势和作用。他认为:"所谓长袖善舞,多财善贾者,二百年来英商之所以横行四海,独擅利权者也,西班牙、法兰西、德

① 马克思、恩格斯:《马克思恩格斯全集》(第1卷),人民出版社1956年版,第255页。
② 马建忠:《适可斋记言》(卷一),中华书局1960年版,第3页。
③ 何良栋:《皇朝经世文四编》(户政)(卷25),文海出版社1966年版,第5页。
④ 何良栋:《皇朝经世文四编》(户政)(卷25),文海出版社1966年版,第1页。
⑤ 中国史学会:《戊戌变法》(二),上海人民出版社1957年版,第147页。

意志诸国亦尝出全力以与之争,然而不能胜也,公司一也。"①因为公司可使"贫者骤富,弱者骤强,不惟自擅利权,并可通行海国",所以"公司一事,乃富国强兵之实际,亦长驾远驭之宏规也"②。陈炽认为,英国之所以能在国际竞争中处于优势地位,就在于公司的兴办与发展。公司的兴办与发展使英国快速得富起来、强起来,也使英国由于公司的兴办和发展实现对全球的统治。

薛福成以英法两国为例,再次说明公司的作用。他说:"西洋诸国开物成务,往往有萃千万人之力,而尚虞其薄且弱者,则合通国之力以为之。于是有鸠集公司之一法,官绅商民,各随贫富为买股多寡。利害相共,故人无异心;上下相维,故举无败事。由是纠众智以为智,众能以为能,众财以为财。其端始于工商,其究可赞造化。尽其能事,移山可也,填海可也,驱驾风电、制御水火亦可也。有拓万里膏腴之壤,不借国帑借公司者,英人初辟五印度是也。有通终古隔阂之涂,不倚官力倚公司者,法人创开苏彝士河是也。西洋诸国所以横绝四海莫之能御者,其不以此也哉!"③公司具有聚智、聚能、聚财的功能,它不仅可以实现国家富强,开疆拓土,而且还可以改造自然。英人初辟五印度、法人创开苏伊士运河(亦即苏彝士河)就是很好的例子。

钟天纬则对比中西,分析中国商业不能走出国门的原因。西方商人遍及海外,"牟境外之利,以养其本国之民",而中国商人不曾走出国门、经营海外,其原因在于"华商势分,分则利薄本微,不能经营远略;西人势合,合则本大力厚,而无往不前。所谓独力难成,众擎易举,公司是已"④。中国不成立公司,就难以形成强大的力量,就谈不上"经营远略",更谈不上"养其本国之民"。只有成立公司,才能聚财,才能谋利。

甲午战争后,国人认识到公司具有聚财、建业、得利、制胜、克敌的功能,反

① 赵树贵、曾丽雅:《陈炽集》,中华书局1977年版,第234页。
② 赵树贵、曾丽雅:《陈炽集》,中华书局1977年版,第98页。
③ 薛福成:《庸庵全集·庸庵海外文编》,醉六堂石印,光绪丁酉春三月,第15页。
④ 钟天纬:《扩充商务十条》,《刖足集外编》。

映了国人对公司的认识更加理性、更加深入。

(2)呼吁创建完全商办的民营公司,力戒官办

甲午战争后,大兴公司已成为国人的共识,同时也认识到绝不能走官督商办的老路。时人指出:"中国人非不乐公司股份也,不乐其为官办也。"①中国人之所以不乐其为官办,究其原因,主要有:

①"官"对资本产权人权利的剥夺。官督商办企业的总办权力过大,一切惟总办之言是听,无事不由官总其成,其结果是"官夺商权难自主"②。企业经理人的任用权也完全由"官"掌控,经理人的任用不问能力和水平,"但论情势为任用"或"总办商董举自官"③。在这样的体制下,"商办"全无,唯剩"官督",这必然造成"是非可否皆决于官,则是铁路而有利焉,其利必先官而后民也;铁路而无利也,其害必先民而后官也"④。解决这一问题的办法就是:"独任商民,勿加'官督'二字,令各省大商巨贾,或曾作客外洋,或久在商途阅历而熟知时务者,沿途接办,分领其事。或独当一路,或总任其成,皆听群议合。"⑤

②"官"对资本所有者收益权的侵害。1896年陈炽对这一问题有过论析:"当日矿物公司聚集数百万之金银,而以亏闭一言付之流水,今日电报、轮船局每岁入资数百万,商股仅收官息八厘,公积则虚有其名,余利则不能过问。人人知有二三分之息,而仅得八厘,是不啻取大众之悭囊,以饱一二人之私囊也。此习不变,此弊不除,而欲纠股集资,冀中国商务之能兴,公司之能立也,虽良马生角,黄河再清,不可得矣。"⑥

---

①　《论华地创设公司宜开除官办名目》,何良栋:《皇朝经世文四编》(卷25)(户政,公司),文海出版社影印本。

②　郑观应:《罗浮偫鹤山人诗草·商务叹》。

③　郑观应:《罗浮偫鹤山人诗草·商务叹》。

④　何启、胡礼垣:《新政真诠》,辽宁人民出版社1994年版,第194页。

⑤　何启、胡礼垣:《新政真诠》,辽宁人民出版社1994年版,第203页。

⑥　赵树贵、曾丽雅:《陈炽集》,中华书局1977年版,第235—236页。

③官督商办企业还存在盈利差的问题。郑观应就曾指出，"历观商务由官专办者终鲜获利"，所以他主张"准民间开设（公司），无所禁止。或集股，或自办，悉听其便。全以商贾之道行之，绝不拘以官场体统"①。但这不意味着政府无所作为，鉴于民间资本力量小且受制于人，清政府应借鉴西方国家保护公司的政策，通过税收减免、财力资助、行政保护等手段扶持民营企业。总之，正如时人所说："诚能自行开办，不爱官权，中国之在，何利无之。"②

（3）公司应实行科学的经营管理

股份公司是资本主义社会化大生产的产物，中国两千多年的封建社会造就的小农意识中，严重缺乏企业科学经营管理思想，根本不适应现代公司运作的要求。

"私人营业，其赢也则自享其利，其亏也则自蒙其害，故营之者恒忠于厥职。股份公司不然。其职员不过占公司股份之一小部分耳，而营业赢亏皆公司所受，其赢也利非我全享，其亏也非我独蒙，故为公司谋，恒不如其为己谋之忠，人之情矣。其尤不肖者，则借公司之职务自营其私。……中国人心风俗之败坏，至今日而已极，人人皆先私而后公，其与此种新式企业之性质，实不能相容。"③所以公司经营者必须"秉公而司其事也"④，必须"举从前积弊一律扫除"⑤，必须学习西方公司的经营管理策略和组织运作模式。创办之初，要制定并颁布公司章程；经营之中，要体现西方公司的股权平等、民主管理的原则；公司内部，要形成决策权、经营权、监督权互立的权力格局。通过上述举措，可以实现公司内部"同心并力，互相挟持，弊无由生"⑥的局面。

---

① 郑观应：《盛世危言》，内蒙古人民出版社 1996 年版，第 520 页。

② 《论华地创设公司宜开除官办名目》，见何良栋：《皇朝经世文四编》（卷 25）（户政，公司），文海出版社影印本。

③ 梁启超：《敬告国中之谈实业者》，见《饮冰室合集》（文集）（二十一），中华书局 1989 年版，第 115 页。

④ 赵树贵、曾丽雅：《陈炽集》，中华书局 1977 年版，第 234 页。

⑤ 郑观应：《郑观应集》（上册），上海人民出版社 1982 年版，第 613 页。

⑥ 中国史学会：《戊戌变法》（三），上海人民出版社 1957 年版，第 119 页。

（4）公司的建立与发展需要法律保驾护航

健全的法律体系对公司的保障作用主要表现在：

第一，保障出资人的权利。官督商办企业在中国已运行 20 多年，但没有一部法律，也没有制定出任何法律来保护股东的权益，这在很大程度上限制了企业的发展。正如有人所分析的那样："无公司法，则无以集厚资，而公司业为之不举。"[①]

第二，规范政府与企业之间的关系。官督商办企业的弊端之一就是政企不分、总办包办一切，其结果是企业经济效益极其低下。改变这一局面的一个重要举措就是通过制定法律，规范政府人员、企业管理人员的行为。所以盛宣怀提出："酌定商务律例，务使华商有途可循，不致受衙门胥吏之舞弄，即不致依附洋商，流为丛爵（雀）渊鱼之弊。"[②]

第三，规范公司治理行为。针对官督商办企业的弊端，郑观应提出制定相关法律以规范公司治理，他建议制定的相关法律"必须具禀列明：股董何人？股本若干？所办何事？呈请地方官注册。如不注册，有事官不准理。庶几上下交警，官吏不敢剥削，商伙不敢舞弊"[③]。与郑观应相类似，1898 年何启、胡礼垣对制定法律规范公司治理问题作了更进一步的论析，他们指出："商办者，办法俱照外洋公司章程。夫其章程固经数千百公司百十年之磨练而成，参考互订，善善从长，有利必登，无害不剔者。其事大要则议事必从其众，而不得专权也；用人必因其材，而不能私荐也；钱财数目股东可任意稽验，进支事保无浮滥不实之虞也；拨放款项值理等悉听公裁，股内人皆得随时建议之益也。苦乐均沾必以公平而一私不染，建置各事必求至善而涓滴归公。"[④]

在制定相关法律规范公司治理问题上，郑观应和何启、胡礼垣都主张仿效

---

① 张謇：《实业政见宣言书》，《张季子九录·政闻录》（卷 7），中华书局 1930 年版。
② 盛宣怀：《愚斋存稿》（卷 3），文海出版社 1975 年影印本，第 217 页。
③ 郑观应：《郑观应集》（上册），上海人民出版社 1982 年版，第 612—613 页。
④ 何启、胡礼垣：《新政真诠》，辽宁人民出版社 1994 年版，第 205 页。

和借鉴西方的法律。这是因为中国没有制定这方面法律的经验,并且西方这方面的法律是在不断实践的基础上修订而成的,非常具有可行性。与郑观应相比,何启、胡礼垣更进一步指出,法律应对公司的议事规则、用人规则、资金使用和监管规则等方面作出明确的规定,只有这样才能避免重走官督商办企业的老路,提高企业的效率。

总之,甲午战争后,国人对西方股份公司的认识有了新的突破,他们认识到科学的经营管理对公司发展的重要性,彻底跳出官督商办的窠臼,极力主张民办公司。这表明国人对公司的认识有了质的飞跃,实现了重大的突破,国人的公司意识开始觉醒。

(5)在公司意识的推动下,民办企业快速发展

在公司意识的推动下,甲午战争后,民办企业快速发展起来。据不完全统计,①1895—1900年创办的资本在万元以上的民办企业共有104家,资本总额估计有2300多万元。这6年兴办的民营厂矿家数略等于甲午战争前20多年的总和,从资本总计来看,则超过了甲午战争前的累计。其中1896—1898年投资家数较多,似乎出现了一个兴办企业的小小浪潮。

1895年,在上海设立的私营企业有:裕晋纱厂、大纯纱厂;1895—1896年,在上海出现了信昌、祥兴、永泰等缫丝厂;这两年在广东顺德陆续出现11个丝厂。1896年,宁波有通久源纱厂(由李鸿章幕僚严信厚创办,主要投资者为上海、宁波两地绅商);1897年,无锡有业勤纱厂(由杨氏兄弟——杨宗濂、杨宗瀚创办,内有江苏省积谷公款十万两),苏州有苏伦纱厂,杭州有通益公纱厂,汉口有燮昌火柴厂,上海有商务印书馆。1898年,上海还有源昌碾米厂、上海自来火厂,天津有北洋硝皮厂。此外,1896年广州机粉厂、1897年芜湖益新面粉厂、1898年广东北海煤矿、1899年南通大生纱厂等也投入生产。②

这一时期,各地民间兴办工业的情况,张之洞1897年4月的奏折有所反

---

① 徐凤晨、赵矢元:《中国近代史》,辽宁人民出版社1982年版,第380页。

② 徐凤晨、赵矢元:《中国近代史》,辽宁人民出版社1982年版,第380—381页。

映:"数年以来,江浙、湖北等省陆续添设纺纱、缫丝、烘茧各厂三十家。此外,机造之货,苏沪江宁等处,有购机制造洋酒、洋蜡、火柴、碾米、自来火者。江西亦有用西法养蚕缫丝之请,陕西现已集股开设机器纺织局,已遣人来鄂考求工作之法。四川已购机创设煤油,并议立洋蜡公司。山西亦集股兴办煤矿,开设商务公司。至于广东海邦,十年前即有土丝洋纸等机器制造之货,近年新增必更不少。天津、烟台更可类推。湖南、湖北两省,已均有购机造火柴及榨油者,湖北现已学得机器造塞门德士之法,正在督饬税务司劝谕华商兴办。湖南诸绅,现已设立宝善公司,集有多股,筹议各种机器制造工货之法,规模颇盛。"[1]

近代公司意识的觉醒也标志着中国人的投资理念转向理性。

在近代,把财富投资于近代新式企业而不是土地的是中国的买办,他们的投资行为开始改变中国人的投资理念。

19世纪70年代,中国开始出现中国人自己创办的股份公司。但在整个70年代,股份公司备受冷遇;进入80年代后,特别是在1882—1883年,情况发生变化,出现了近代中国历史上首次股份公司的投资热潮。由于此次投资热潮的出现,源于投资者不在于真正向公司作长期投资,而是贪图股票买进卖出以求获利的投机动机,再加之股票发行者不是热心发展实业,而是企图通过发行股票实现一夜暴富,当1883年末上海金融风潮来临时,投资潮消退。所以这一时期的投资是非理性的。

甲午战争后,中国近代实业投资出现了一个新的高潮。从甲午战争后开始的投资浪潮中,少了浮躁和狂热,多了爱国和责任。甲午战争后,投资实业的张謇认识到必须踏踏实实地干,要"含垢忍尤,遭闵受侮,千磨百折,以成此区区工商之事"[2]。甲午战争后踏踏实实做实业成为投资的主流。

---

① 徐凤晨、赵矢元:《中国近代史》,辽宁人民出版社1982年版,第381—382页。
② 翰墨林书局:《通州兴办实业之历史》(上册),南通翰墨林印书局1910年版,第112页。

（六）中外合资思想的萌生：路矿业发展中的利用外资思想

甲午战争后的中国工业化的主攻方向是铁路和矿业，而这两项事业都需要大量的资金。《马关条约》的巨额赔款使清政府的财政几乎破产，靠借款度日，不可能拿出更多的资金来完成这两项事业；而民间资本也是极其有限的，更不可能有足够的资金来投资路矿业。为了解决工业化发展中的资金不足问题，部分人士提出创办中外合资企业，利用外资发展中国经济的主张。

甲午战争后，洋务运动后期的代表人物张之洞、刘坤一都主张通过中外企业合资发展中国工业，但对如何合资，二者关注的侧重点不同。张之洞提出："与西人合本开采（矿山），本息按股匀分；但西本止可十之三四，不得过半，尤为简易无弊，较之为西人所据，及封闭矿而不能开者，不远胜乎！"①张之洞认为，在规定外商在合资企业中股份所占比例的前提下，合资办企业可以防止西方国家将路矿据为己有，也有利于中国对矿山的开发。刘坤一主张："兼招中外股资。股本既有洋人，局章自照西法，风声一树，莫不乐从。盖有洋股在中，而华商方无顾虑；亦有华股参集，而洋商无可把持。"②刘坤一主张中外合资办企业，是基于两个方面的考虑：一是吸收外商股份可以开风气，打消中国商人投资近代路矿的后顾之忧；二是外商和华商共同参股，可以避免外商独自把持中国路矿的局面。

康有为认为，中国兴办铁路、矿务需要大量资金，"惟办此数事，非数万万世款不可"，但他也认识到："中国民穷商匮，不能举此于万国之中，美国最富，又不利人土地。若招集美商办此，彼必乐从。"③他把解决建设资金不足的希望寄托在美国身上，并建议派容闳去美国招商引资。为了鼓励国民投资铁路、矿务建设，防止政府损害、侵蚀投资者利益，何启、胡礼垣主张"招引洋股"。

---

① 张之洞：《劝学篇》（卷二），《矿学第十一》。
② 宓汝成：《近代中国铁路史资料》（上册），文海出版社 1977 年版，第 203 页。
③ 汤志钧：《康有为政论集》（上册），中华书局 1981 年版，第 228 页。

他们认识到："官者止能胁制华人,必不能胁制洋人,则与洋人合股,庶几免此胁制矣。官者只能刻剥华商,必不敢刻剥洋商,则与洋商合股,庶几免此刻剥矣""是则欲集群策以鼓群力,而为铁路之大利者,非洋股不可。"①为了避免甲午战争前民间投资的悲剧重演,他们提出"招引洋股"的主张,以鼓励、带动国人投资中国的工业发展。

随着招商引资思想的提出,面对现实,清政府也认可了这一思想。1898年清政府路矿总局颁行《矿务铁路公共章程》是这一思想的具体体现。该章程规定:集股以多得华股为主,必须先有已资及已集华股十分之三,方准招集洋股或借用洋款,如无华股,专集洋股或借洋款者,概不准行。华商如能集得独立资本10万两以上承办矿路,或华股达到半数,办有成效,给予优奖。② 招商引资思想的提出及章程的出台,为甲午战争后清政府创办中外合资企业提供了政策和法律依据。

自此以后,中外合资办企业取得了合法地位,清政府参与合办的企业大大增加,到辛亥革命前,中外合资企业有上百家。

中外合资办企业的思想及实践,表明中国已从传统的一家一户的小农经济的自我封闭的文化中走出来,开始尝试建立通过合作实现共赢的新文化。

三、实业救国:工业化与文化变迁的完美结合

戊戌变法时期的工业化起于1895年《马关条约》的签订,止于1900年八国联军侵华,共计5年时间。这5年的工业化与之前的洋务运动时期的工业化相比,以及与之后的清末新政时期的工业化相比,时间最短,但工业化成就仍旧非常显著,并推动中国文化在更深层次、更广泛领域变迁。这说明文化变

① 何启,胡礼垣:《新政真诠》,辽宁人民出版社1994年版,第195页。
② "中央研究院"近代史研究所:《矿务档》(第一册),"中央研究院"近代史研究所1974年版,第45—48页。

迁是由工业化水平决定的,而非工业化的时间长短。

这一时期的工业化主要在政府主导的路矿业和民间主导的轻纺工业,因此这一时期的文化变迁主要围绕这两个方向展开。工业化的方向决定了文化变迁的方向和范围。这一时期的工业化有一个著名的口号——"实业救国"。实业和救国联系起来,这是洋务运动时期工业化发展推动文化变迁、文化变迁推动工业化的一个重要成果。正是由于洋务运动时期工业化的发展,才使"实业"思想得到了广泛的认可,并成为人们的观念和行动。正是因为"实业"成为人们的观念和行动,所以"实业救国"一经提出,就得到民族资产阶级和社会其他阶层的认可,形成中国历史上第一次投资高潮。

第四章 文化变迁的新境界：清末新政时期工业化与文化变迁

清末新政开始于 1901 年,此时的中国工业化已持续整整 40 年(1861—1901 年)。这 40 年之久的工业化虽然没能阻挡西方列强的再一次入侵,但中国人并没有因此而放弃中国的工业化,而是进行了更大规模、更高水平的工业化建设。清末新政时期之所以会出现更大规模、更高水平的工业化,其重要原因之一,就是前 40 年工业化所推动的近代中国文化变迁,引起了人们思想上的解放。诚然,清末新政时期的工业化也推动着近代中国文化变迁进入到了一个新境界。

一、清末新政时期的工业化

（一）清末新政时期开展工业化的原因

1.统治阶级的被迫选择

《辛丑条约》签订后,帝国主义列强要求清政府改革,而清政府则向帝国主义表示:"敝国现议力行新政,正企图报各大国之惠于后日,……与各大享无穷之利益。"①清政府推行新政有一个目的,就是应对国内危机,欺骗人民。《辛丑条约》签订后,国内的危机更加严重。不但在被压迫被剥削的下层广大群众中到处埋伏着待燃的火种,而且属于上层社会的一些阶级对于清政府的不信任感也空前地提高了。整个王朝覆灭的危机,催促慈禧太后赶忙打起"变法"的幌子。

2. 戊戌变法时期工业化的继续

戊戌变法时期,维新派发展资本主义的经济纲领和"百日维新"发展资本主义的举措,虽然因戊戌政变而中断,但时隔两年,张之洞、刘坤一却把它们放在《江楚会奏三折》中,成为清末新政发展资本主义经济纲领的重要组成部分。当然,清末新政在发展资本主义经济方面也有一些新的举措。例如,在制定经济法规保护工商业者,以及政府采取切实的行政、经济、奖励、优惠等手段鼓励发展资本主义等方面,比戊戌变法时期的措施大大进步了。

清末新政与戊戌变法的经济政策有很多相通之处,是戊戌变法的继续,它把戊戌变法政策肯定下来。肯定戊戌变法政策就意味着肯定戊戌变法时期工业化发展,且戊戌变法时期工业化没有中途停止,它持续发展,当清末新政在戊戌变法之上又有新的举措推动工业化时,那么清末新政时期工业化进一步发展就成为必然。

3. 变迁中的中国文化的推动

戊戌变法时期,传统的本末观、义利观在某些经济领域发生动摇或者逐步退出,反映在清末新政时期,清政府从政策和实践两个方面完成了从重农抑商到重商、保商、奖商的转变,这一政策的转变极大推动了中国工业化的发展。戊戌变法时期,中国民族资产阶级公司意识的觉醒,推动了清末新政时期一系

---

① 朱寿朋:《光绪朝东华录》(四),中华书局 2016 年版,第 4616 页。

列发展经济的法律、法规的制定和颁布。这些法律、法规同样具有并发挥了保护和推动中国工业化发展的巨大作用。

(二)清末新政时期工业化的特点

在清末新政的推动下,中国民族资本主义获得了巨大发展。据不完全统计,从1872年中国第一家机器缫丝厂(继昌隆)开办到1900年,民族资本经营的近代工矿业大约有156家,资本总额5000余万元;1901—1911年,全国新设立的厂矿有340家,资本总额达到10100余万元。可见,这10年里,新设的厂矿和增加的资本均在先前28年的两倍以上。纯粹商办的厂矿企业,在全部企业中所占比重也有显著增长。1900年以前,商办厂矿121家,约占资本总额的40%;1900—1911年,商办厂矿277家,约占资本总额的60%。①

这一时期工业化具有以下特点:

1.全面性

洋务运动时期的工业化主要集中在军事工业,戊戌变法时期的工业化主要集中在路矿业。而清末新政时期的工业化已在经济的绝大部分领域全面展开,除了军事工业、路矿业,还包括机器制造业、水电工业、印刷工业等。因此,与洋务运动、戊戌变法时期的工业化相比,清末新政时期的工业化具有全面性。

2.民间性

清末新政时期工业化与洋务运动时期、戊戌变法时期的工业化相比,工业化的主力是民间资本,即民族资产阶级是中国工业化的主力军。而洋务运动时期工业化主要由政府主导,戊戌变法时期工业化主要由政府和民间资本共同主导。

---

① 中国近代史编写组:《中国近代史》,中华书局1979年版,第406页。

3. 世界性

清末新政时期工业化与洋务运动时期、戊戌变法时期的工业化相比,工业化是在中国完全融入全球化进程中展开的,而洋务运动时期工业化和戊戌变法时期工业化是在中国部分融入全球化进程中展开的。

二、清末新政时期中国文化变迁的新境界

由于清末新政时期中国工业化发展的背景以及工业化所具有的特点,这一时期中国文化变迁出现了新的局面,达到了新的境界。

(一)经济民族主义的勃兴

晚清时期,利权主要是指国家的经济主权,是民族、国家的"公利",而非个人的"私利"。在 19 世纪末资本主义进入帝国主义阶段前,中国的利权观念是针对西方的商品输出提出来的,主张以商人为主,通过发展机器工业来振兴商业贸易,抵抗西方的商品侵略。但这一时期的利权观念流行的范围较小,只是部分官僚士大夫的思想和言论,也尚未形成经济民族主义行为。

自 19 世纪末资本主义进入帝国主义阶段后,利权观念的内涵由原先针对西方的商品输出变为针对西方的资本输出。西方列强对华资本输出主要是在铁路和矿山方面,因此,此时的利权观念主张以政府为主导,收回铁路、矿山的利权。利权观念的内涵发生变化的另一个重要原因则是,国人"意识到中国尚无力量改变现存的不平等条约制度,而义和团式的盲目排外又于事无补,因此开始谋求收回具体的经济利权,以逐步实现政治独立与平等的目标"。[①] 国人这种利权意识实际上就是经济民族主义。

---

① 顾云深、石源华:《鉴往知来——百年来中美经济关系的回顾与前瞻》,复旦大学出版社1999 年版,第 246 页。

1. 近代经济民族主义的兴起

甲午战争后,清政府认识到铁路的重要性,开始修筑铁路。而在彼时的中国,西方列强也在其势力范围内修筑铁路。由于清政府修筑铁路没有足够的资金,这样就出现了借债修筑铁路的局面。由于铁路借款合同都附有苛刻的政治条件和经济条件,所谓中国铁路国有,实际上已名存实亡,借债修路的结果是中国铁路权力与利益的丧失。当时,比利时资本控制了芦汉铁路、汴洛铁路、陇海铁路;英国资本控制了沪宁铁路、关内外铁路、道清铁路、津浦铁路、广九铁路、沪杭甬铁路;美国资本控制了粤汉铁路;俄、法资本控制了正太铁路;德国资本控制了津浦铁路。"建筑铁路似乎是一种简单的、自然的、民主的、文化的、文明的事业",但在帝国主义制度下,"已经把这种建筑事业变成压迫附属国(殖民地加半殖民地)里占世界人口半数以上的十亿民众和'文明'国家里资本的雇佣奴隶的工具"。①

西方列强控制中国铁路进而达到更进一步控制中国的企图,当时国人已经意识到了,认为西方列强"莫不借铁道以实行其侵略主义。……是故铁道者,通商之后援,而灭国之先导也"。② 伴随铁路权丧失的是铁路附近的矿产权的丧失。西方列强在中国开矿设厂的危害不仅涉及经济方面,更涉及政治方面。因为西方列强在中国开办的矿业"并不是一项单纯的经济企业。……一处办有成效的矿区,可以很自然地成为一个独立的社区(Community),像一处城镇一样。如果此一社区被置于外人的控制下,加之,外人在华又享有多项政治上和经济上的特权,其将发生的后果,自非单纯。所以,外资办矿一事,在实质上,并不仅仅属于投资谋利甚或矿冶技术的范畴,其中实包含有错综复杂

---

① 《列宁全集》(第22卷),人民出版社1976年版,第182页。
② 中国科学院历史研究室第三所:《云南杂志选辑》,科学出版社1958年版,第480页。

的政治意义"①"其政治性的意义,远超过于投资本身所具有的经济意义"②。路矿权被西方列强所控制,实际上就是中国工业化的主导权、自主权被西方列强所控制,中国由工业化的主导者变成了工业化的打工者。这种局面下,中国工业化的成果不可能为中国所享有,工业化必将进一步加剧中国的半殖民地化,工业化的设想与其结果完全相悖。

对利权丧失感触最深的当属民族资产阶级。中国被迫通商之初的中国商人,面对西方列强入侵,毫无忧患意识。西方列强"耗我菁华,我脂膏,横攫之,摧残之,鹰瞵鹗睨不遗余力,起视我通商各埠之华商,僵如木偶,不知不觉,尽被洋货潮涡卷入于饿鬼道中,而柴立待毙"③。19世纪末20世纪初的中国民族资产阶级,有了强烈的忧患意识。

甲午战争,中国败于经济曾经非常落后的东邻日本,举国震动,群情激奋。丧权辱国的《马关条约》签订后,外国商品大量倾销,外国资本大量涌进。1899年,康有为在《上皇帝第五书》中指出:"瓜分豆剖,渐露机牙,恐惧回惶,不知死所。"④商界则指为经济亡国之祸,纺织业界忧虑最甚。面对这种严峻局面,"设厂自救"的呼声遍及全国,中国民族资本主义较以前有了较大发展,家数众多。1895—1898年,中国资本工矿企业发展呈快速发展趋势,但好景不长,1899—1903年,中国资本工矿企业发展与前一个阶段相比,呈下降趋势。就这一阶段本身的发展趋势而言,呈现的是时而下降、时而上升的发展趋势,见表4-1。

表4-1 甲午战争后中国资本工矿企业的设立(1895—1903年)

年份	家数	设立资本(千元)
1895	17	3307

① 李恩涵:《晚清的收回矿权运动》,"中央研究院"近代史研究所1978年版,第2页。
② 李恩涵:《晚清的收回矿权运动》,"中央研究院"近代史研究所1978年版,第4页。
③ 虞和平:《商会与中国早期现代化》,上海人民出版社1993年版,第338页。
④ 中国史学会:《戊戌变法》(二),神州国光社1953年版,第189页。

续表

年份	家数	设立资本(千元)
1896	20	4343
1897	23	5776
1898	20	4384
1899	11	1910
1900	13	3304
1901	6	145
1902	20	4059
1903	12	622

资料来源:许涤新、吴承明:《中国资本主义发展史》(第二卷),社会科学文献出版社 2007 年版,第 496 页。

1899—1903 年,中国资本工矿企业发展与前一个阶段相比,呈下降趋势,其原因是《马关条约》允许外国在中国投资设厂,这极大地刺激了外国企业在中国投资设厂。由于外国企业资本雄厚、设备新颖、经营管理方法先进,在与中国资本工矿企业争夺原料和产品市场时更有优势,致使中国资本工矿企业的境况逐渐从兴旺而转入颓势。尤其是利权的丧失,外国垄断资本控制着中国商品的供应和运输,导致中国民族资本的生存和发展举步维艰,而帝国主义经济侵略日益严重。当时的民族资产阶级对因利权的丧失而产生的危害已有较深刻的认识。"路权一失,不啻以全省利权尽归外人掌握,及此不争,将来切肤之痛,不独吾省受之而直接,在商界尤属不堪设想,此万万不可不出死力以抵抗者也。"[1]由此推之,一省乃至全国利权尽归外国人掌握,则中国等同于亡国无疑,民族资产阶级意识到,"倘是国家灭亡,商业中人不惟不能营业,就是一个吃饭的地方简直也没有了,所以必要将国家的根基弄得稳固,才有经济活动的地步"[2]。民族资产阶级进一步指出,国家稳固以及经济活动顺利进

---

[1]　章开沅:《苏州商会档案丛编》(第 1 辑),武汉:华中师范大学出版社 1991 年版,第 785—786 页。

[2]　虞和平:《商会与中国早期现代化》,上海人民出版社 1993 年版,第 338—339 页。

行,商人有不可推卸的责任。"商兴则民富,民富则国强,富强之基础,我商人宜肩其责。"①

这时的民族资产阶级,已经把个人的命运与国家的命运,个人利益与国家利益紧密地联系在一起。他们已经清楚地认识到,国家利益受损,个人利益不能独善其身,维护国家利益就是维护个人利益,为了维护个人和国家的利益,必须抵抗帝国主义的侵略,而抵抗外国侵略、捍卫国家主权被视作民族资产阶级义不容辞的责任。

抵抗帝国主义的侵略,不能空谈,要有实际行动;不是某个人的事,而是大家的事,必须联合起来。"爱国非可空言,其要尤在联合,一人之爱国心甚微,合众人之爱国心其力始大。"②抵抗帝国主义的侵略需要大家的联合和团结,只有团结才能形成抵抗帝国主义侵略的强大力量。这一切表明,近代经济民族主义思想在民族资产阶级中萌生,团结意识也在萌发。

具有经济民族主义思想和团结意识的民族资产阶级开始组建商会。商会的成立是近代民族主义思想在民族资产阶级中萌生、团结意识在民族资产阶级中萌发的必然结果,是民族资产阶级凝聚力增强的重要标志,是民族资产阶级抵抗帝国主义侵略的重要组织。

商会不限地域、籍贯、行业,它将分散于各行业的商人和资本家凝聚成为一个相对统一的整体,是商人自己的统一组织,因此得到了各地商人、资本家的拥护。商会的发展速度非常快,从 1904 年的 19 处发展到 1911 年辛亥革命时的 678 处。③ 商会的职能也有利于提高民族资产阶级的凝聚力。《商会简明章程》规定:"商会之要议约有二端,一曰剔除内弊,一曰考察外情。""剔除内弊"即为联络同业,消除同业内部纷争,活跃市场;"考察外情"即为调查洋

---

① 朱英:《开拓近代中国商人文化研究的初步构想》,《华中师范大学学报》1990 年第 6 期。
② 陈颐寿:《华商联合报序目》,《华商联合报》1909 年第 3 期。
③ 许涤新、吴承明:《中国资本主义发展史》(第二卷),社会科学文献出版社 2007 年版,第488 页。

商洋货情势,以图抵制。同时,商会还有沟通政府与工商界关系,协助商人创设企业,处理商人之间的纠纷,执行企业注册、登记合同契约等职能。在商会的旗帜下,中国民族资产阶级实现了大团结。当面对西方侵略时,它即刻发出中国民族资产阶级的声音,采取中国民族资产阶级的革命行动。

1904 年,美国与清政府订立的 10 年禁止来美华工的条约期满,美国要求续约,遭到在美华侨的反对,呼吁废约,中国国内也积极响应。1905 年 5 月 10 日,上海商务总会召开特别会议,决议“以两月为期,如美国不允将苛例删改而强我续约,则我华人当合全国誓不运销美货以为抵制”①。1905 年 7 月,上海商务总会发出抵货通电,电告各地商会协同行动。这是中国第一次有组织的抵制洋货运动。通电发出后,各地商会纷纷响应。天津商会表示:“今承王明翁诸君提倡开会,赞成抵制办法,吾绅商尤当始终无懈,分途布告,即日举行,无论大小行商,各使一律不购美货,并随时电询沪商各项办法飞示,以便切实举办。”②天津商会要求天津所有商人不购美货,不能懈怠,人人有责,不能存在侥幸心理。“人人知有责任,慎毋以我之一身无所关涉,漠然视之。”③要把抵制美货坚持到底,“禁约苛例一日不删改,美货一日不售卖”④。

中国民族资产阶级冲破了传统的地域和血缘的藩篱,站在民族国家的立场上,逐渐认识到个人命运和利益的保护及发展离不开强大的国家,个人与国家是一个休戚与共的命运共同体和利益共同体,由此近代经济民族主义思想在他们中间产生。正是在近代经济民族主义思想的激励下,他们团结起来,依托商会,开展了抵货运动和利权收回运动。

---

① 中国科学院历史研究所第三所:《近代史资料》(第 1 期),科学出版社 1956 年版,第 17 页。

② 天津市档案馆:《天津商会档案汇编(1903—1911)》(下册),天津人民出版社 1989 年版,第 1878 页。

③ 天津市档案馆:《天津商会档案汇编(1903—1911)》(下册),天津人民出版社 1989 年版,第 1882 页。

④ 天津市档案馆:《天津商会档案汇编(1903—1911)》(下册),天津人民出版社 1989 年版,第 1881 页。

2.近代经济民族主义旗帜下的国货意识

从甲午战争后到1911年辛亥革命前,中国民族资本工矿企业发展较快。这一时期工矿业的发展,以1900年为界,可分为前后两个时期。在1895—1900年这一阶段,共开设104家,投资2302.4万元,平均每年投资额不到400万元,最高一年为570余万元。其中一半以上的资金投入纺织工业,以纱厂和丝厂为主。矿业占第二位,不过这时的矿场还是以官办、官督商办、官商合办为主(25家中占17家)。从1905年起,投资规模远超过前一阶段,以后大量增加,到1910年的6年间,共开设厂矿306家,投资7525.5万元,比之前一阶段,设厂数和投资额都增加了两倍多;平均每年达1250万元,最高一年为2300万元,这已是不小的投资能力了。1901—1913年这一阶段,纺织业仍有发展,投资额1503.3万元。但面粉、卷烟等食品工业发展很快,投资额1558.1万元,已略超过纺织;又电灯、自来水等公用事业兴起,投资达2153.0万元,转居第一位。这阶段矿业投资1613.9万元,也超过了纺织,并且主要是民办矿业了。①

1905—1911年,中国民族资本工矿企业发展较快的原因与抵制美货、利权收回运动中提倡国货具有密切关系。国货的提倡和使用推动了中国民族工业的发展,民族工业的发展则提升了人们对国货的认识。当时先进人士指出,我们主张使用国货,不是要求中国人全部使用中国的产品,而是有取舍的,其标准是"适用与不适用言耳"②。也就是说,主张使用适用于中国的国货,即这些国货应是坚实耐用、价格便宜的。而有些人反其道而行之,一味地使用洋货,其原因是自鸦片战争后的连连战败,使他们淡视自己的国家,却谄媚于西

---

① 许涤新、吴承明:《中国资本主义发展史》(第二卷),社会科学文献出版社2007年版,第495页。

② 《倡用土货说》,《岭东日报》1905年8月9日。

方列强,这"不谓为爱国思想之薄弱,知识之愚下,而媚外性质之过重者不能也"①。这种谄媚的行为和风气在中西产品的选择上,便出现了以使用洋货为荣、以使用国货为耻的局面。我们之所以提倡使用国货,是因为"一可以振发吾人爱国之心念,一可以塞莫大之漏卮"②。针对有人提出的"不振工艺,不精制造,而徒倡用土货以示抵制,此无价值可言也"③的言论,当时先进人士就指出,中国工艺不振的原因正是由于洋货在中国大量倾销所致,只有提倡和使用国货,才能振兴中国制造。

当时先进人士也清醒地认识到,抵制美货只是权宜之计,"不过一时之对待策"④,而根本之计是"兴实业,为挽回将来无穷之利权"⑤。同时也要看到,抵制美货又为中国工商业发展提供了绝好的时机,国人要抓住时机,改良技艺,大兴制造。兴实业不仅使资本家获厚利,工人得谋生,而且可使国家独立富强。因为"盖实业者,财政之母,而财为一国之命脉也,吾国不欲生存以立于世界则已,如其欲也,安可不兴实业"⑥。

在抵制美货运动中,当时先进人士对使用国货有明确的说明,对一些人喜欢使用洋货的原因做了一定的分析,提出了使用国货的意义。使用国货是振兴实业的重要动力之一,抵制美货是振兴实业的重要机遇期。抓住抵制美货运动这一重要机遇期,倡导使用国货,抓紧发展实业,是利国利民之举,也是实现国家独立富强的重要举措。这就是抵制美货运动而产生的国货意识,也是国货意识的重要内涵。

纵观清末新政时期,抵货运动(抵制美货、日货等)是以爱国主义为主题的政治运动,持续的时间是有限度的。抵货运动必然导致国货运动(提倡使

①　《倡用土货说》,《岭东日报》1905 年 8 月 9 日。
②　《倡用土货说》,《岭东日报》1905 年 8 月 9 日。
③　《倡用土货说》,《岭东日报》1905 年 8 月 9 日。
④　《拒约须速与实业之问题》,《有所谓报》1905 年 9 月 14 日。
⑤　《拒约须速与实业之问题》,《有所谓报》,1905 年 9 月 14 日。
⑥　《拒约须速与实业之问题》,《有所谓报》,1905 年 9 月 14 日。

用中国自己生产的商品），国货运动必然产生和提升人们的国货意识。国货运动是以爱国主义为主题的经济运动，其目的不是完全抛弃洋货，由国货取而代之，而是实现中国经济的独立。要实现中国经济的独立，关键是实现工业化，所以国货意识始终是围绕国家工业化而展开的。

3. 近代经济民族主义旗帜下的开放意识

中国近代经济民族主义产生于 20 世纪初，此时整个世界已连成一体，任何一个国家要发展，无论是落后的还是先进的，就必须融入世界一体化之中，这是客观现实所使然。《辛丑条约》签订后，中国被迫完全开放，要回到从前，自我封闭搞发展已不可能，现实的选择就是，在一体化的世界中、在开放的条件下谋发展。这种新形势是中国民族资产阶级前所未遇的。为适应新形势，中国民族资产阶级借助商会的力量，打破传统的畏惧和限制竞争的习俗，突破狭隘的地域观念，跨出封闭的世界，以开放的心态，参与国际国内的竞争与交往。这种以竞争图生存、以开放谋发展的开放意识正是近代商业意识的重要内容和特征。

参与国际商品博览会是中国商界具有开放意识的体现。1906 年，清政府制定并颁行了《出洋赛会章程》，鼓励华商参加国际商品博览会，并要求"用心比赛，取彼之长，补我之短，以图改良之计"[1]。该章程颁布前后，中国各地商会组织商界参加了 1903 年日本大阪博览会、1904 年美国圣路易斯博览会、1905 年比利时黎业斯博览会、1906 年意大利密拉诺博览会、1910 年比利时布鲁塞尔博览会等多次国际商品赛会。在国际博览会上，中国的展品主要有五类：一是农渔牧及其副产品；二是矿产品及其初级制品；三是手工制品；四是体现中国文化的物品，如古玩；五是体现中国人情风俗的物品。[2] 从这五类展品可以看到，工业品少之又少，这说明中国工业化还处于起步阶段，没有能力制

---

① 《商部新订出洋赛会章程》，《东方杂志》第 3 卷，1906 年第 3 期。
② 洪振强：《国际博览会与晚清中国"国家"之形塑》，《历史研究》2011 年第 6 期。

造具有国际竞争力的工业品。中国向来"以农立国",即便如此,博览会上的中国农产品也落后于西方工业化国家的农产品,其原因在于:西方国家用机器,而中国用人力;西方国家有农务学堂,务农者皆识字,而中国农民鲜有识字者;西方国家有专门测验天气的科学器械,而中国却靠经验,等等。①

通过参加国际博览会,中国商界看到了中西方产品的差距,认识到中国产品落后的原因在于工业化及发展水平,因此工商界人士疾呼:"当此生计竞争时代,吾华实业,不幸而堕后尘,不乘此时疾起直追,则国民生机日蹙,而后来之惨状将不忍言也。"②开放意识就是一种走向世界、了解世界、学习先进的意识。中国商界通过世界博览会这个舞台走向了世界,了解了中国与西方列强之间的差距,提出了解决问题的方案。

开放意识不仅意味着要走出去,也意味着要请进来。上海商务总会邀请美、日两国实业代表团访问中国。1910年9月15日,美国实业代表团抵达上海,受到上海商务总会和其他社会团体的欢迎,并参观了阜丰面粉厂、求新机器轮船制造厂、商务印书馆、大清银行等企业和金融机构,随后参观在南京举办的南洋劝业会。美国实业代表团访华期间,中美两国商会商讨了有关中美经济合作、交流事宜。1910年5月12日,日本实业团从汉城出发经新义州从朝鲜进入中国境内,经奉天、大连、营口、天津、北京、汉口,然后到达南京参观南洋劝业会。中国各地商会认真接待了日本实业代表团。通过邀请外国实业团来中国访问和交流,增加了两国之间的互信,加强了两国实业界的合作,推动了中国实业界以西方为标准,不断求得自身的发展和壮大。

在利权收回运动、抵货运动中产生的近代经济民族主义不是走向自我封闭,而是走向开放发展。这就是近代经济民族主义旗帜下的开放意识。这种开放意识就是走向世界,在世界中认识中国,学习外国的先进技术和管理经

---

① 郭凤鸣:《意大利万国博览会记略》,江浙渔业公司1907年9月,第83—86页。
② 天津市档案馆:《天津商会档案汇编(1903—1911)》(上册),天津人民出版社1989年版,第875页。

验,发展民族工业,让中国产品主导中国市场,竞争于国际市场。这种开放意识就是接纳世界,在接纳中学会合作,在合作中谋求民族工业的发展。

(二)近代商法意识的产生

1.走向世界的晚清工业化

1901 年,清政府宣布实行新政,其中重要的一条是振兴商务、奖励实业。但是 1901—1904 年,中国民族资本主义经济发展得十分缓慢。1901 年设立的厂矿不过 5 家,1902 年 15 家,1903 年 9 家,1904 年 23 家,四年间总共 52 家的全部资本为 1147 万余元。[①] 虽然清政府实行新政,但中国民族资本主义发展仍然缓慢,其原因在于,《辛丑条约》签订后,帝国主义的资本和商品大量输入,民族资本主义近代工业受到帝国主义的沉重打压。

新政实施后的 1905 年,中国民族资本主义经济迅速发展,其原因在于,1904—1905 年,日俄两个帝国主义国家互相厮杀,美英等西方国家又在财政和资源方面大力支持日本,暂时放松了对中国的经济掠夺。1905 年,中国人民掀起了抵制美货运动,使美国商品的输入大为减少,各省收回路矿利权运动日益发展,打击了帝国主义的侵略势力。因此,1905—1908 年,民族资本主义的近代工业发展较为迅速,中国民族资产阶级纷纷投资建厂。工业化表现为近代企业的大规模的设立和持续运营,近代企业的设立和运营既要面向国内市场,又要面向世界市场,特别是在面向世界市场时,中国民族资产阶级的商法意识开始觉醒。

2.近代商法意识的产生

公司是适应市场经济社会化大生产的需要而形成的一种企业组织形式。洋务运动时期,洋务派创办的民用工业标志着中国近代的公司组织产生。甲

[①] 徐凤晨、赵矢元:《中国近代史》,辽宁人民出版社 1982 年版,第 563 页。

午战争后,民族资本开办的企业迅猛发展,出现了创办私营公司的热潮。民营企业大规模创办,迫切需要制定公司法。因为没有公司法,民营企业只能依靠公司章程和国家、各省的相关政策进行设立和运营,这样就很容易出现混乱局面。特别是,中国公司在与外国公司的竞争中,没有统一的规范,只能沿用中国传统商业规则和习惯。由于外国企业享有领事裁判权等特权,使中国企业在竞争中始终处于劣势地位。正如上海商务总会所指出的那样:"我中国商人,沉沉冥冥为无法之商也久矣!中国法律之疏阔,不独商事为然,商人与外国人贸易,外国商人有法律,中国商人无法律,尤直接受其影响,情见势绌,因是以失败者,不知凡己,无法之害,视他社会为尤烈,此可为我商界同声一哭者也。"①因此,中国当时存在的各种企业形式急需立法保障。

清末新政时期,大批公司纷纷设立。由于国内外经济环境不稳定,中国又没有相应法律法规,破产纠纷时有发生。少数人钻法律的漏洞,谎报破产,以骗取钱财。如果沿用传统的枷杖、军流和永远监禁等办法,不问真假地处理破产问题,有失公允,甚至会导致诈骗者更加铤而走险。"近来商情变幻,倒骗之局愈出愈奇,必如此严惩,庶奸商知所畏服。然诈伪倒骗者之出于有心,与亏蚀倒闭者之出于无奈虽皆谓之破产,而情形究有不同,诈伪倒骗洵属可恨,亏蚀倒闭不无可原,若仅以惩罚示儆之条预防流弊,而无维持调护之意,体察下情,似于保商之道犹未尽也。"②因此,需要制定相应的法律加以规范。

中国封建社会普遍存在各种习惯,但缺少成文的保证。在与西方的交往中,由于西方各国强调契约精神,要想发展对外贸易,便急需我们采用与西方相同标准的注册制度,因此,《公司注册试办章程》得以颁行。这一法律不仅有利于我们与西方的交往,也是对中国企业自身利益的保护。

①　《上海商务总会致各埠商会拟开大会讨论商法草案书》,《振华五日大事记》1907年第34期。
②　上海商务印书馆编译所编纂:《大清新法令(1901—1911)》(第4卷),洪佳期等点校,商务印书馆2011年版,第191页。

中国历史上的成功商业品牌,被人们记住的往往是商号,而不是商标。西方国家则重视商标的作用,因此,与外国公司进行贸易时,商标发挥着重要作用,它代表了企业的形象。"商人贸易之事,各有自定牌号以为标记,使购物者一见而知为某商之货。"①商标注册势在必行。

由以上可见,随着清末新政时期工业化的推进,中国民族资产阶级的商法意识开始觉醒,在他们的呼吁和推动下,清政府制定了一系列法律,这一系列法律无疑有利于晚清工业化更好的发展。

中国民族资产阶级商法意识觉醒,也推动了清政府的近代法律意识的提升。自鸦片战争后,清政府被迫与西方列强签订了一系列不平等条约,这一系列不平等条约的签订,使中国部分精英分子意识到,数千年的中国传统法律思想与体系与西方通行的标准完全不一样,我们的选择只能是改变自己。这也使部分精英分子开始研究西方的法律制度,以图从中寻求解决中国问题的根本之策。随着中华民族危机日益加深,西方法治中的立宪、民主思想越来越引起他们的重视,认为"法治主义为今日救世唯一之主义"②。在20世纪初清政府的对外交涉中,以英美为代表的西方列强,以法治改革作为取消治外法权的前提。受到西方列强的提示和承诺,清政府开始重视法治改革问题。清末新政时期,中国工业化快速发展,民族资产阶级的力量不断壮大,其商法意识开始觉醒,呼吁立法,以保障和发展其在工业化进程中获得权益。在以中国民族资产阶级为主力的内外力量的共同推动下,清政府顺应历史潮流开始了近代法律的建设。清政府开始近代法律的建设,说明清政府开始了由传统的法律观向近代的法律观的转变,以政府为主导的法律观念的转变必将影响整个中国的法律观念的转变。

① 上海商务印书馆编译所编纂:《大清新法令(1901—1911)》(第4卷),洪佳期等点校,商务印书馆2011年版,第203页。
② 梁启超:《中国法理学发达史论》,见《饮冰室合集》(第二册),中华书局1989年版,第71页。

由于中国民族资产阶级商法意识的觉醒,使近代法律意识以民族资产阶级为中心,向上扩散到清政府中央,向下扩散到一般百姓。进而,近代法律意识在中国大地上扎根,中国传统文化中的法律意识和思想被近代法律意识和思想所取代,这也意味着西方的某些法律文化开始进入到并逐渐改造了中国传统的法律文化。

(三)产业观的转变

以个体家庭为单位并与家庭手工业牢固结合的小农经济是中国封建社会的基本生产结构,与之相适应的社会结构是士农工商,因此封建统治者实行重农抑商政策。在1840年鸦片战争前,清政府仍然实行重农抑商政策,但1840年后,这种政策开始解体。这一政策解体的过程既是重农抑商政策终结的过程,也是新的产业观形成的过程,其本质就是旧有的思想文化观念退出历史舞台,适应历史发展需要的思想文化登堂入室的过程。

1.产业政策变革导致抑商观念淡出

1840年鸦片战争后,外国商品开始大量涌入中国,直接冲击中国的小农经济,严重影响清政府的财政收入,并且外国商品大量涌入中国本身也在影响清政府的财政收入。外国商品的大量涌入直接挑战中国的重农抑商的产业政策及其观念。面对西方的侵略,以林则徐、魏源为代表的个别的中国人提出"师夷长技以制夷"的主张,但响应者寥寥无几。由此可见,由天朝上国的观念向学习西方的观念转变并非一个口号就能解决的。经历了第二次鸦片战争和太平天国运动之痛的清政府,其内部的一小部分人开始了思想和实践的觉醒和转变,其标志是洋务运动的出现和发展。"富""强"走入他们的视野,要富强已不是发展小农经济而是发展近代工业,这标志着在重农抑商政策下,清政府开始培养重农抑商政策的"掘墓人"。

随着洋务运动的发展,越来越多的人认识到发展工业的重要性,以王韬、薛福成、马建忠、郑观应为代表的早期维新派,提出"富强救国""工商立国""商战"等主张。在他们的倡导和呼吁下,越来越多的人开始投资于近代工业,这表明重农抑商的阵地在逐步瓦解,实业救国为人们所认可和接受。经历了甲午战争的失败,实业救国的呼声越发高涨。

在 1898 年 6 月到 9 月的百日维新中,在经济方面,清政府提出了一系列新政措施:提倡实业,设立农工商总局和矿务铁路总局,各省设立商务局等机构;兴办农会和组织商会,鼓励商办矿务、铁路;奖励实业方面的各种发明,给予官职或专利权;创办国家银行;改革财政,编制国家预算决算等。虽然慈禧太后发动政变,致使戊戌维新运动失败,这些诏令也都宣布告终,但是它所代表的思潮,已形成社会舆论,实实在在地影响着大众,大众也逐渐接受了实业救国等一些新的思想和新的观念。随着实业救国思想被越来越多的人所接受,重农抑商的观念就逐渐从人们的思想观念中淡出,而实业思想开始走进人们的思想意识中。

2. 保商、护商举措促使近代商业意识盛行

经历了八国联军侵华之痛的清政府,举国上下都认识到了发展工业的重要性。1901 年,尚在西安的慈禧太后宣布实行新政,新政的一项重要内容就是振兴商务,奖励实业。中国作为一个后发国家,在列强环伺的形势下,要实现工业化,仅仅放弃传统的重农抑商政策和观念是远远不够的,经验和实践都已证明,这不仅需要国家的大力扶持,还需要民间在商人内部建立组织、实现联合以保护自己,使商人阶层实现由势涣力散到势聚力强的转变。

(1)商部以及商务会所、商务议员的设立

1903 年,清政府设立商部,而商部设立的目的之一是为了保商。如何才能保商,商部认为:"今本部奉旨设立,屡承保商之诏,……爰思商何由保,必须先通商情,情何由通,必须先联商会。"[1]为了使商部和各省商会联系顺畅,

---

[1] 上海商务印书馆编译所编纂:《大清新法令(1901—1911)》(第 4 卷),洪佳期等点校,商务印书馆 2011 年版,第 231 页。

以实现保商的目的,商部在其内设立一个商会所,商会所是由公正绅商做董事而组成的,其职能就是加强与各省商会沟通,处理各商会上报的事项,非商会之事不得插手。商会所的董事,"均系体面商人,务须明白专为商会而设,万不可视为出入衙署、冀通声气之路,凡呈递禀函不关商会之事及有别项词讼,仍行一概送至司务厅,听后批示准驳,以清界限,以杜流弊"①。商会所的设立,使商部能快速了解各省商会的情况,及时处理商务问题,有利于办事效率的提高,真正实现保商的目的。

通过商会所的设立,商部虽然能够准确及时地了解各省商会的情况,但这并不代表商部了解各省的全部商务情况,因此,商部又设立商务议员以进一步加强商部与地方各级商会的联系,及时了解地方商务情况。商务议员的职责是:"凡属农工、路矿应兴应革之事,务当悉心体察,随时报部以祛壅蔽而挽利权。"②除了上述总的职责,商务议员还要搜集各地的"土产生货若干、价值若干,何者畅行、何者滞销、何者可以改造熟货、何者当设法改良"以及"洋货输入、土货输出各若干价值"③等信息,以供决策。从商务议员的职责看,商部就是要商务议员发挥服务职能,起到保护地方商务的作用。

商部设立的商务会所、商务议员,成绩显著。自设立以来,商务会所、商务议员都能联系各商家,鼓励各商家发展业务,特别是北京的各大商家,在商务会所、商务议员的联系和引导下,各商家间能够进行联系和交流,关系越来越融洽。商部的设立及所采取的措施的确起到了保商护商的作用,这是中国两千年封建社会前所未有的保商举措,它提高了商人的积极性,有利于中国资本主义经济的发展。而保商护商的意识也在实施过程中深入人心,进而改变了

---

① 上海商务印书馆编译所编纂:《大清新法令(1901—1911)》(第4卷),洪佳期等点校,商务印书馆2011年版,第233页。

② 上海商务印书馆编译所编纂:《大清新法令(1901—1911)》(第4卷),洪佳期等点校,商务印书馆2011年版,第231页。

③ 上海商务印书馆编译所编纂:《大清新法令(1901—1911)》(第4卷),洪佳期等点校,商务印书馆2011年版,第233、234页。

国人对商人和商务的看法,关于商业的思想理念也在中国文化中越来越多地被表现出来,被提倡起来。

(2)经济法律法规的颁行

清末新政时期工业化推动了中国民族资产阶级商法意识的觉醒,由此推动清政府颁行了一系列发展经济、实现工业化的法律法规,这在一定意义上就是在保护民族资产阶级,保护民族资本主义近代工业大发展(本章前面已有论述,在此不再展开)。

(3)商会的组建

清末新政时期,清政府设立商部、制定法律都是保商之举,但这完全不够。清政府通过对外国情形的考察,还认识到商会在保商方面具有不可替代的作用。"商会者,所以通商情保商利,有联络而无倾轧,有信义而无诈虞,各国之能孜孜讲求者,其商务之兴如操左券。"[①]而在当时的中国,组建商会以保商又显得尤为重要,这是因为中国商人势单力薄,导致利权旁落,财源外流。"计近数十年间开辟商埠至三十余处,各国群趋争利而华商势涣力微,相形见绌,坐使利权旁落,浸成绝大漏卮,故论商务于今日,实与海禁未驰以前情事迥异。"[②]

这种情形,单靠政府保商是不够的,还需要在商人内部建立组织、实现联合来保护自己,使商人阶层实现由势涣力散到势聚力强的转变。因为"商民散处各省风尚不同,情形互异,本部势难周知其隐"[③]。商部要想全面了解各地的商务情况,也需要设立一个中间机构,使其发挥上情下达、下情上传的桥梁纽带作用。

---

① 上海商务印书馆编译所编纂:《大清新法令(1901—1911)》(第4卷),洪佳期等点校,商务印书馆2011年版,第231页。

② 上海商务印书馆编译所编纂:《大清新法令(1901—1911)》(第4卷),洪佳期等点校,商务印书馆2011年版,第223页。

③ 上海商务印书馆编译所编纂:《大清新法令(1901—1911)》(第4卷),洪佳期等点校,商务印书馆2011年版,第224页。

商会设立后,很好地发挥了保商护商的作用。第一,在商人申诉时,商会的保护作用是:"商会总理、协理有保商、振商之责,故凡商人不能申诉各事,该总协理宜体察属实,于该地方衙门代为秉公伸诉,如不得直或权力有所不及,应即告本部核办。"①第二,在商人遇有纠葛时,"可赴商会告知总理,定期邀集各董秉公理论,从众公断,如两造尚不折服,准其具禀地方官核办"②。第三,在遇有商人破坏市场秩序时,商会"宜传集该商,导以公理,或由会董会议按照市情决议平价,倘或阳奉阴违,不自悔改,准该总理等移送地方官,援例惩治,以警其余"③。第四,在保护创新方面,"凡商人有能独出心裁制造新器或编辑新书,确系有用或中外原有货品改制精良者,均准报明商会考核后,由总理具禀本部,酌量给予专照年限,以杜作伪仿效而示鼓励"④。

商会在护商保商方面的举措很多是借鉴西方的,这意味着西方的商业文明开始传入中国,成为中国商业文明的重要组成部分,中国文化也在逐渐吸收着西方商业文化中适合于中国的部分。

商部的设立、商部制定的法律以及在商部倡议和推动下设立的商会,标志着清政府在思想上基本完成了从重农抑商到奖商、保商的转变。这一转变的完成,预示着以农业经济为基础而产生的中国传统文化要向以近代工商业经济为基础的文化转变。这种转变的速度与力度取决于中国的工业化发展水平。

从1840年鸦片战争开始,中国就开始了重农抑商的产业观解体和新的产业观塑造的过程,这一过程也是晚清工业化的过程。随着工业化的不断发展,

---

① 上海商务印书馆编译所编纂:《大清新法令(1901—1911)》(第4卷),洪佳期等点校,商务印书馆2011年版,第225页。

② 上海商务印书馆编译所编纂:《大清新法令(1901—1911)》(第4卷),洪佳期等点校,商务印书馆2011年版,第226页。

③ 上海商务印书馆编译所编纂:《大清新法令(1901—1911)》(第4卷),洪佳期等点校,商务印书馆2011年版,第229页。

④ 上海商务印书馆编译所编纂:《大清新法令(1901—1911)》(第4卷),洪佳期等点校,商务印书馆2011年版,第229页。

重农抑商的产业观也在加快解体。其解体的两个关键节点是戊戌变法时期和清末新政时期。这两个时期恰恰是中国工业化不断加速发展的时期。反观洋务运动时期，部分的先进中国人主张改变中国的重农抑商的产业观，但收效甚微。而在戊戌变法时期和清末新政时期，重农抑商的产业观快速地退出历史舞台，新的重商产业观迅速被政府定为国策，并被广大民众所接受，这与中国工业化的发展程度具有密切的关系。改变人们思想观念和文化的决定力量是先进的生产力，在晚清时期，先进的生产力就是工业化。

（四）传统等级观念的破裂

清政府在奖励工商方面的一个重要举措是奖励商勋。从 1903 年起，清政府先后颁布了《奖励华商公司章程》《奖励实业章程》《奖励商勋章程》《改订奖励华商公司章程》《援照军功例颁赏商业奖牌章程》《华商办理农工商实业爵赏章程》等，以鼓励中国商人和其他社会人士投资工商业。《华商办理农工商实业爵赏章程》规定：凡是华商投资 2000 万元、1800 万元、1600 万元以上者，分别特赏一、二、三等子爵；投资 1400 万元、1200 万元、1000 万元以上者，分别特赏一、二、三等男爵；投资 700 万元、500 万元者，分别特赏三品卿、四品卿；投资在 10 万元以上者，奖给五品衔。《奖励商勋章程》规定：凡是在新技术、新发明、新创造中卓有成效者，还可以颁发不同等级的商勋，这在以往都不曾有过。《华商办理农工商实业爵赏章程》还规定："凡商人原有官阶职衔在应得奖励之上者，准将此项奖励移奖该商之胞兄弟、子侄，惟不得滥移远族。"[1]这是对传统士农工商阶层划分的一个巨大冲击，极大地改变着中国的社会阶层结构。清末新政时期奖励商勋的一系列举措被时人视为"一扫数千年'贱商'之陋习，斯诚希世之创举"[2]。

---

[1] 上海商务印书馆编译所编纂：《大清新法令（1901—1911）》（第 4 卷），洪佳期等点校，商务印书馆 2011 年版，第 258 页。

[2] 相铨：《五十年来中国之工业》，《东方杂志》1912 年第 7 期。

中国传统社会的士农工商的阶层划分,反映了统治阶级对于商人和工商业的轻视,而清末新政时期,清政府所颁布的奖励工商业者的法律法规,则体现了统治阶级对商人的重视,这表明清政府已经开始调整士农工商的等级秩序。等级秩序的调整意味着原有的等级观念和秩序已不能适应经济发展的需要。中国传统社会士农工商的社会秩序是适应小农经济发展的需要而产生的,它已不适应清末新政时期工业化发展的需要,要实现清末新政所提出的振兴商务的目的,调整或打破传统的社会秩序就成为必然。清政府奖励商勋的举措标志着中国传统社会的等级观念的破裂,新的社会秩序的创建则刚刚破土。

(五)新的交通工具催生新的观念

近代中国铁路建设开始于 19 世纪 80 年代。晚清时期,中国铁路建设可分为三个阶段,第一个阶段是洋务运动时期。由于顽固派的反对,这一时期铁路修建的较少,主要用于运输军事工业所需的煤、铁等矿产品。第二阶段是甲午战争后至清末新政(1895—1901 年),这一时期计划修建的铁路较多,由于经费问题,开工都较晚,真正投入运营的铁路线也较少。第三个阶段是清末新政时期,这一时期又开工了多条铁路,而且第二阶段开工兴建的铁路,基本都在这一阶段完工,所以这一阶段投入运营的铁路线较多,既有客运,也有商业运输。铁路所起的作用在这一阶段基本显现出来,其对中国文化的影响也显现出来。晚清铁路建设简况,见表4-2。

表4-2 晚清铁路建设简况(1881—1911 年)

工程年份	经营类别	路名	起讫地点
1881—1888	国营	津沽铁路	唐山—天津
1892—1894	国营	关东铁路	唐山—中后所
1891—1893	国营	台湾铁路	基隆—新竹
1881—1912	国营	京奉铁路	北京—奉天(今沈阳)

续表

工程年份	经营类别	路名	起讫地点
1898	国营	淞沪铁路	上海北站—吴淞炮台湾
1898—1906	国营	京汉铁路	北京西站—汉口玉带门
1905—1908	国营	沪宁铁路	上海—南京
1905	国营	株萍铁路	株洲—安源
1906	商办	潮汕铁路	潮州—汕头
1907	国营	道清铁路	道口—清化
1907	国营	正太铁路	石家庄—太原
1907—1914	国营	沪杭甬铁路	上海—杭州—宁波
1908—1911	商办	粤汉铁路广韶段	广州—黎洞
1909	国营	京张铁路	北京—张家口
1909	国营	汴洛铁路	开封—洛阳
1910—1911	国营	津浦铁路	天津—浦口
1910	商办	漳厦铁路	嵩屿—江东桥
1911	商办	清杨铁路	清江浦—杨庄
1911	商办	南浔铁路	南昌—九江
1911	国营	粤汉铁路长株段	长沙—株洲
1911	国营	广九铁路	广州—深圳

资料来源：根据许涤新、吴承明：《中国资本主义发展史》(第二卷)，社会科学文献出版社2007年版，第302页和汪敬虞：《中国近代经济史1895—1927》(下册)，经济管理出版社2007年版，第1502页的材料整理而成。

　　与洋务运动时期的军事工业和民用工业相比，甲午战争后，铁路的运营更多、更直接地惠及普通民众，也就是凝聚着西方文化和科学技术的铁路运输开始惠及普通民众。这必然使中国普通民众在获得铁路运输所带来的实惠的同时，乐意接受西方文化而不是拒绝，向往西方的文化而不是厌恶，学习西方的文化而不是反对。这无疑会加快中国传统的"天朝上国"自大心理向理性接受西方先进事物的转变。这一转变也是一种观念的转变，是从中国传统农耕社会所形成的不合时宜的观念向适应工业化发展要求的、符合历史发展逻辑的现代观念转变。

1.铁路的运营改变了国人的时空观念

中国传统时间观念是适应农耕生活而形成的。"日出而作,日落而息"是这种时间观念的典型描述。铁路运输的出现彻底改变了这一时间观念。

铁路运输要正常运营,必须具备两个条件:统一的时间和固定的班次。统一的时间就会避免过早来等车而浪费时间,或者避免因迟到而没有赶上火车,其本质就是节省时间。"一切节约,归根结底都是时间的节约",节省时间意味着提高了效率,避免了浪费。为了统一时间,流行于西方的时间标准被引进到中国,"轮船、火车、汽车的汽笛声与机器的轰鸣声,……揭示了一种新时间观念的生成,此即所谓'格林威治标准时间'"①。西方的时间标准被引进到中国,意味着我们部分地接受了西方的时间观念。在西方的时间观念中,时间是线性的,时间是有起点有终点的,时间有消亡的那一天。因此,西方的时间观念强调时间有始有终、珍惜时间、重视未来。接受西方的时间观念首先要改变中国原有的工作、生活节奏,当逐渐适应以西方时间为基础的工作、生活节奏后,人们就会更快地融入到西方文化中去。西方的时间观念也意味着比中国传统社会更高的效率,完全不同于中国传统社会的一套新的规则和秩序。接受西方的时间观念就是在逐渐接受西方的价值观念和价值体系,中国文化在人们的日常生活所需的时间计量上接受了西方的元素。

西方的时间观念之所以能够迅速被中国人所接受,还源于中国的大一统观念和中国已有的时间观念。中国的文明史,统一是历史的主流,这种统一是全方位的,包括时间的统一。火车所使用的时间无非是使用西方通行的统一时间标准来代替中国的时间标准。这尽管在本质上是一种强势文化对弱势文化的入侵,但这种时间标准的替代之所以能被中国人所认可,还在于西方的时间标准基本上是对中国传统的时间标准的细化,因此自然很容易就被中国人

---

① 丁贤勇:《新式交通与生活中的时间:以江南为例》,《史林》2005 年第 4 期。

接受了。

铁路运输有固定的班次和站点。当火车进出站时,都要鸣笛,由于铁路运输比较准时,在每一个站点的进出时间是相对固定的。每一次进出站的鸣笛声会给站点附近的居民带来一定的烦扰,但是在晚清时期,在每家、每人几乎没有现代的计时工具的情况下,固定时间的鸣笛声也使铁路站点附近的居民有了更为准确的时间判断。人们不再根据日落日出来判断时间,火车成为人们判断时间的新标准,它比传统判断时间的工具更为准确。火车成为"流动的钟表",它在提供运输的同时,使铁路沿线各站点形成了新的统一的时间标准体系,铁路沿线的居民进入了新的时间标准体系时代。新的时间标准通过铁路影响着铁路沿线居民的工作和生活,西方的时间标准走入百姓的工作、生活中来了。

在正常情况下,火车的始发时间是固定不变的,因此始发时间对每位乘客而言,都是公平的,无歧视的。每位准备乘坐火车的乘客都要根据本人与车站的距离安排好出行的时间,以确保准时到达车站、准时乘坐火车。火车的班次和固定的站点的确定并非是等时间、等距离的。火车的班次和固定的站点主要是根据人口的密度和经济发展程度确定的。因此,对于人口稀少、经济不发达的沿线居民而言是不公平的。火车始发时间的相对公平与火车班次和站点非等时间、非等距离的确立所带来的不公平之间必然会产生矛盾,而这一矛盾也有其共同点,这个共同点就是准时。准时不仅把铁路沿线站点附近的居民纳入新的时间标准体系中,而且也把非站点附近的铁路沿线居民,甚至把远离铁路沿线的居民慢慢纳入新的标准时间体系中。

火车的准时与班次和站点的固定,客观上把国人带入了新的时间体系和时间制度之中,而国人能否适应这种体系和制度,取决于国人是否守时。守时是对自己的一种约束,对国人而言,就是从农业社会的时间模糊性、不准确性中走出来,改变过去比较散漫、随意性较强的工作、生活习惯,使自己的工作、生活根据现代时间规定有计划、有条理地进行。守时是工业化社会得以运转的重要前提,因此守时被视为一种素养,是现代社会诚信的重要组成部分。工业化时代的守时与儒家的仁义礼智信有相一致的方面,守时容易被国人所接纳和遵守。通过守时,现代时间观念被纳入到中国文化之中,中国文化在纳入它的同时,与世界同行。守时成为国人被带入到新的时间体系和时间制度中,并适应新的时间体系和制度的关键。守时成为客观带入和主观适应的结合点。守时成为工业化所必需的、不可或缺的条件。

中国传统的生活节奏,基本上是按天人和谐的精神演进的,与大自然的节律相适应,与天地日月的节奏保持一致。人们缺乏更为具体的时间观念。无论城市还是乡村,大多数人都是以日月作为判断时间的依据。1840 年以来,随着西方列强对中国的入侵,西方的时间观念也随着列强侵略的脚步传入到中国,并开始影响到国人,但国人购买、使用西方钟表以确定时间的甚少。当火车等近代交通工具开始在中国运行,国人开始乘坐时,西方的钟表“虽乡曲妆奁亦为必需之物”①。由此可见,精确的时间对人们的生产生活产生了约束力。近代火车等交通工具的使用,促使人们最终形成近代的时间观念。

铁路运输的速度是以往传统的交通运输工具无法企及的。火车“利于速行者,一昼夜三千里,缓亦一千数百里”②。以往两地的运输时间可能需要用年、月、日来计算,而火车则基本实现按日、小时来计算乘客、货物到达的时间。沪宁铁路开通后,苏州至上海“只需两个半钟点(如特别快车,只需两小时,当天可以来回)”③。沪杭铁路开通后,沪杭间 200 多公里,火车约需 5 个小时。这就要求人们加速工作,原来“日出而作,日落而息”的生活节奏是不可能适应铁路运输需要的。要在较短的时间内完成规定的工作,人们必须调整原有的作息时间。这种作息时间的改变,实际上就是在潜移默化中改变人们的生

①　刘爽:《吉林新志》(下),辽东编译社,1960 年据 1934 年铅印本油印本,第 88 页。
②　刘锦藻:《清朝续文献通考》第 4 册卷 362《邮传三·路政》,商务印书馆 1937 年版,第 11061 页。
③　包天笑:《衣食住行的百年变迁》,政协苏州市委员会文史编辑室编印,第 134 页。

活节奏。传统的生活节奏要与火车的节奏相衔接,才能不误点、不误事,而火车的快速无疑会加快传统的生活节奏。生活节奏的加快必然要求对时间进行细化,中国传统的计时单位"时"已不能适应社会发展的需要,西方的小时、分、秒逐渐被越来越多的中国人所接纳和使用。1897年设立的浙江求是书院的《章程》就有这样的规定:"凡值心危毕箕壁参轸元牛娄鬼诸星日,九点至十点,第一班地理,第二班英文;十点至十一点,第二班算学,第一班英文;……凡值房虚昴星诸星日休沐。"①这个章程中虽然用我国古代二十八宿纪日的历法来对应西方的"星期",有点不伦不类,但是每天的上课时间却都是采用西方时间。

中国人的时间观念开始细化,时间观念的细化是走向严谨、精确的重要一环,是实现工业化的重要条件和保证。

火车意味着距离(空间),而距离(空间)现在既可以用长度单位,又可以用时间单位来计算和表示。随着铁路的修筑和火车的运行,在时间和空间(距离)的选择上,时间成为人们首先要考虑的因素,空间成为次要的。距离意味着远方,时间意味着快捷,在远方与快捷的矛盾中,时间的尺度开始延伸和渗透到社会生活的各个领域,逐渐成为决策时必须考虑的一个重要变量。

生活节奏的加快,使人们更加认识到时间的重要性。小说《隐痛》虽然发表于1924年,但文中对时间观念的描述绝不应该看作是1924年才出现的,而应该是自中国开始铁路运营以来,国人时间观念变化的一个缩影。小说主人公在赶往火车站的路上,对拉车地说:"快快跑,多给钱,要慢些,该赶不上车啦。"②这表明时间的快慢是可以用金钱来衡量的。正如外国人所言:"火轮行船的速度和航期的准确很快就会是那富有诗意的格言'时间就是金钱',慢慢

---

① 朱有瓛:《中国近代学制史料》(第一辑下册),华东师范大学出版社1987年版,第254页。

② 杨镜亚:《隐痛》(二),《盛京时报》1924年5月17日,第5版。

地在华语中扎下根。"①

"一寸光阴一寸金，寸金难买寸光阴"等中国传统的时间观念，更多的是提醒和督促人们珍惜时光，抓紧学习，其最终和最高目的是考取功名。当时间就是金钱的时候，时间的功能已经发生转向，它不仅有提醒和督促学习的功能，更多的是具有激励人们谋利的功能。中国传统的时间观念必将面临世俗化的趋势，中国传统的时间观要向"既能上得厅堂，又能下得厨房"的方向转化。

在中国古代，许多思想家对空间的本质及特征进行了多方面的探究，并提出了许多真知灼见。但是，由于没有系统的自然科学理论作为基础，人们对空间的认识还没有上升到系统化、科学化的高度，所以在某些具体的空间问题的认识上出现了不少错误，加之在小农经济为基础的封建君主专制统治下，误把某些错误当真理、奉为圭臬。中国的"天圆地方""天朝上国"等错误的空间观念长期统治着人们的思想，直到鸦片战争结束后，中国人的空间观念仍然存在诸多无知和谬误。鸦片战争爆发时，清政府不知道英国在中国何方、英国与中国是否陆路相通。在中美《望厦条约》签订后，道光皇帝还在怀疑美国建国是否已六十多年。所以魏源愤慨道："以通事二百年之国，竟莫知其方向，莫悉其离合，商可谓留心边事者乎？"②面对民族危机日益加深的境况，中国人才开始被动地了解世界。中国人一方面是从学习、阐发西方的空间理论，校正中国错误的空间观念，确立中国与世界各国的方位，建立适应中国需要的空间理论；另一方面则是从以火车为代表的新的交通工具的引进和使用开始对中国原有的空间理论的修正。

时间与空间是对立统一的，是物质存在的普遍形式。恩格斯指出："因为一切存在的基本形式是空间和时间，时间以外的存在和空间以外的存在同样

---

① 聂宝璋：《中国近代航运史资料》（第1辑）（1840—1895），见《中国近代经济史参考资料丛刊》，上海人民出版社1983年版，第144页。

② 《筹海篇三·议战》，《海国图志》卷2。

是非常荒诞的事情。"①铁路运输在给人们带来时间观念的改变的同时,也给人们带来空间观念的改变。

火车与传统农业社会的交通工具相比较,不仅意味着在相同距离的情况下,运输所用的时间最短,而且意味着在相同的时间情况下,运输的距离更长。正如马克思所说:"交通运输工具的改良,会绝对缩短商品的移动时间""随着运输工具的发展,不仅空间运动的速度加快了,而且空间距离在时间上也缩短了"②。同理,铁路运输也缩短了人们旅程的时间,缩短了空间的距离,人们的交往空间缩短了。与此同时,铁路运输突破了人与人之间原有的空间限制,将人们的交往范围延伸了。在缩短与延伸间,中国人的空间观渐趋科学,对世界的认知渐趋理性。

火车的运行离不开空间,但它一旦作用于空间,便成为社会空间生产这个舞台的主要角色。在火车穿梭于一定地区空间不断移动的过程中,它将沿线地方性的小市场联合成为一个地区性的大市场,沿线各地的联系更加紧密。空间已不再是中国传统农业社会时期仅具有政治文化内涵的空间了,空间因为铁路的运营而具有了经济内涵。而空间一旦具有了经济内涵,它将使生产要素快速聚集,并创造一个新的文化空间。

2. 铁路的运营改变了人们的生活习惯

在火车等现代交通运输工具引进中国之前,如果乘客有要紧的事,船或车总可能等上一等。但现在是不可能的,时间一到,绝不会因为一两个人没到而推迟发车时间。因为如果不执行规定的始发时间,一方面会出现安全问题,另一方面会大大降低铁路运输的效率,这必然违背铁路运输的初衷,铁路对人们的吸引力就会大打折扣,铁路建设也会因此而滞后。

---

① 《马克思恩格斯选集》(第3卷),人民出版社1972年版,第91页。
② 《马克思恩格斯全集》(第24卷),人民出版社1972年版,第277—278页。

标准的始发时间不折不扣地执行,会逐渐改变人们传统的时间观念,养成近代工业化所要求的时间观念和时间制度——准时。这种时间观念和时间制度需要通过一定时间逐渐养成,需要通过越来越多的乘客不断体验而最终形成。准时,这一时间观念和时间制度通过乘客逐步向周围的亲朋好友渗透、向社会各阶层渗透、向社会各角落渗透,使全社会都认识到准时的极端重要性。当全社会都认识到准时的重要性时,那么准时就成为天经地义。如果不准时,会因为某个人或某些人的拖延而影响整个集体的行动和利益。准时成为人们的行为规范而必须遵守。

准时是一种刚性的约束,不分高低贵贱,标准、统一的时间一律平等地对待每个人,毫无歧视。人们的生活习惯在某种程度上被整齐划一,进而使生活习惯呈现出更多的统一性。

虽然火车的始发时间是固定的,但乘客选择乘坐的时间则是由乘客根据其本人的计划决定的,因此乘客有了选择的自由。当然这种自由不能超出火车的固定时间,而此时的时间又呈现出多样性。乘客既是一个主动者,也是一个被动者。在主动和被动的矛盾之间、在统一性和多样性的矛盾之间实现了社会秩序的井然。这种井然的社会秩序是充满活力的,是完全不同于农耕社会的社会秩序。铁路运输的出现使准时成为人们必须遵守的规则,准时看似呆板且缺乏灵活性,但它却是进入工业化时代的必备条件之一。

火车改变了人们原有的用餐习惯。在传统农业社会,一日三餐,家庭成员在家中进行。火车运行后,部分乘客的一日三餐不可能完全在家中进行,乘客或自己携带食品,或在车站以及火车的餐厅内购买食品食用。铁路铺设后,相关配套设施也相继建成。火车所经的城市纷纷修建火车站,以备乘客使用,有些车站还"附设邮电及食堂客室"①。火车站周围常有食品、水果等出售,京奉

---

① 啸天生:《塞外见闻录》,载李廷翰:《古今游记丛钞》(第 10 册)(卷 43),上海中华印书局 1923 年版,第 25 页。

铁路"道旁多有之"①。若乘客在火车站附近没有买或没买到食品,也不要紧,火车上也有相关食品提供。火车车厢内有乘务员,"车行时则携一筐,满储糖果酒饵各物,周行求售。……头二等车,则附挂寝台车食堂车。车中陈设,俱从欧式。另有仆役,供其应候"②。可见火车已不仅仅是交通工具,只把人们运到目的地而已,它还是一个社区,为人们提供可口的饭菜,给人们带来饮食的方便。

用餐的场所被转移了,用餐由定时、定点转为定时、流动。用餐在行乘中完成。用餐既可以在家庭进行,也可以在行进的火车中进行,人们的用餐习惯在追赶火车中日益变化的同时,人们对火车也有了新的认识。

火车改变了人们原有的休息习惯。在铁路运营前,人们日出而作,其场所不过是自己生于斯、长于斯、老于斯的村庄;日落而息,其场所则是自己的家。火车运行后,人们的活动范围大大增加,一部分人走出乡村,进入城市。人们休息的场所发生了改变,为了名利,人们休息的过程也改变了,以往在家休息的生活习惯,进而变为在家休息一个阶段,然后赶火车,在火车上接续休息的状况。"坐车的人,他们的感觉,似乎和平常人有些两样。我们平常在家里要安安稳稳睡着,若有了响声,立刻就醒过来。坐火车呢,那火车在铁轨上奔跑的声音,真有点像狂风暴雨,更夹着断续的雷声,那吵闹自不堪言。可是旅客们,就是在这时候睡着的。等到火车在车站上,一切的大声停止了,火车也不颠簸了,人的感觉忽然变换,倒是醒过来。"③

休息的场所被分解了,在动、静中完成。日出而作、日落而息的生活方式和观念在火车的隆隆声中悄然地变化着。

---

① 林传甲:《大中华京兆地理志》,第9篇《建置·饮食》,武学书馆1919年版,第136页。

② 啸天生:《塞外见闻录》,载李廷翰:《古今游记丛钞》(第10册)(卷43),上海中华印书局1923年版,第21—22页。

③ 张恨水:《平沪通车 如此江山》,北岳文艺出版社1993年版,第55页。

3.铁路的运营改变了国人传统的世界观

小农经济是中国封建社会的基本生产结构,其特点是分散性、封闭性、自足性。小农经济使大多数社会成员信守着"父母在,不远游"的理念,过着从祖辈传承下来的相对不变的生活。这种生活使社会成员没有去探求未知世界的要求,几乎没有人认识到,在自己的生活之外,还有一个与众不同、光明鲜亮的世界,"人们几乎没有关于山外青山或水外绿水的更广阔世界的概念"①。

中国古代旅行主要是帝王、贵族等少数人的活动,一般百姓仅在重大节日时出游,如踏青、赶庙会等。在"读万卷书,行万里路"思想的影响下,旅行家的出行多以学术考察为主。由于生产工具的落后和生产力的低下,古人活动范围十分有限。近代火车的运营,大大拓展了中国人的活动范围,舒适、便捷、廉价的铁路运输将人们带出家门,走向更为广阔的世界。1908 年 4 月,沪宁铁路通车到南京后,"江宁暨南学堂教习学生四十余人,乘火车莅镇。连日前往北固、金焦各山,游览胜迹"②。"沪宁铁路通车以前,礼社之经济商豆留于自足经济之中。开明地主每年亦仅入城一次,农民更墨守乡土,终生未尝一睹都市文明者十之八九,其赴沪、宁、平(即北平)津各处者更加凤毛麟角,全镇(人口 3600 多)仅二三人而已。"沪宁铁路运营后,礼镇农民"打破其墨守乡土之故习,进城经商,做小生意"③等。1897 年京津铁路告成,"京城内外附近居民,咸思(乘火车)到津一扩眼界,其中以旗人妇女为最多"④。

呼啸而来的火车打破了中国人"父母在,不远游"的传统出行习惯和观念,人们选乘火车外出谋生、求学、访友、旅游等。火车把人们带到了一个新世界,这或多或少地改变着中国人的传统的世界观念。这个新世界必然引起人

---

① [美]C.E.布莱克:《现代化的动力》,段小光译,四川人民出版社 1988 年版,第 35 页。

② 《申报》1908 年 4 月 5 日。

③ 薛暮桥:《江南农村衰落的一个缩影》,《薛暮桥学术论著自选集》,北京师范学院出版社 1992 年版,第 18 页。

④ 《申报》1897 年 10 月 28 日。

们的惊喜和好奇,在惊喜和好奇中,人们被火车"俘虏"了,火车所蕴含的近代西方科学文化被人们心甘情愿地接受了。这也意味着近代西方的科学和文化在悄无声息中被注入到中国传统文化之中,中国传统文化在悄然间慢慢地变化着。

乘坐火车有了全新的生活体验。在运行的火车里,看到了一个全新的生活场景、一个全新的工作场景、一个全新的世界。"自己的身体被装在一个大木箱中,而用机械拖了这个大木箱狂奔,这种经验是我向来所没有的,怎不叫我感到新奇而有趣呢?""上了车,总要拣个靠窗的好位置坐。因此可以眺望窗外旋转不息的远景,瞬间万变的近景,和大大小小的车站。""一年四季住在看惯了的屋中,一旦看到这广大而变化无穷的世间,觉得兴味无穷。我巴不得乘火车的时间延长,常常嫌它到得太快,下车时觉得可惜。我喜欢乘长途火车,可以长久享乐。最好是乘慢车,在车中的时间最长,而且各站都停,可以让我尽情观赏。我看见同车的旅客个个同我一样的愉快,仿佛个个是无目的地在那里享受乘火车的新生活。我看见各车站都美丽,仿佛个个是桃源仙境的入口。其中汗流满背地扛行李的人,喘息狂奔的赶火车的人,急急忙忙地背着箱笼下车的人,拿着绿旗子指挥开车的人,在我看来仿佛都干着有兴味的游戏,或者在那里演剧。世间真是一大欢乐场,乘火车真是一件愉快不过的乐事。"①

乘坐火车使人们想象中的遥远世界在短时间内真实地呈现在眼前,在想象与现实间,现实胜过想象,现实变得流光溢彩。在旅行与生活间,旅行成为生活,生活因而丰富多彩。火车开阔了人们的视野,丰富了人们的生活,改变了人们的世界观念。乘坐火车的体验颠覆了人们的传统观念,新的观念在旅途中逐渐生成。

火车作为一种快速、流动的现代交通工具,打破了发展滞迟化、心态固定

---

① 丰子恺:《车厢社会》,中国国际广播出版社2013年版,第2页。

化、经验模式化的传统社会的沉寂,使古老的中国有节奏地、持续地流动起来。在快速、流动与凝滞、固定的碰撞中,古老传统的中国社会开始了它的震颤与不安,新思想、新观念、新希望在震颤和不安中产生了,并不断向它冲击。震颤和不安的古老传统社会唯一的选择就是适应时代发展,接受新思想、新观念、新文化。

4. 铁路的运营改变了传统的交际礼俗

中国封建社会在男女关系上强调男女隔离与疏远,严防非夫妇关系的两性有过多的接触,但火车却改变了这一规定。火车由多节车厢编组而成,每节车厢一般不设男座、女座,车厢内男女混坐在一起。一个车厢内,男女之间或仅咫尺之遥,或摩肩接踵。在男女授受不亲的礼节与男女混坐的现实之间,人们选择了男女混坐,由此,"男女杂坐不以为嫌"逐渐被社会认可,"男女授受不亲"被淡忘、被抛弃了。男女近距离相处变得习以为常。

火车意味着遥远,也意味着咫尺,时间意味着漫长,也意味着短暂。遥远与短暂、咫尺与漫长在火车车厢这个流动的空间里汇聚,异性男女因而相识和交往,传统观念被一个个小小的流动空间所颠覆。

5. 铁路的运营改变了传统的等级观念

在中国封建社会,人们的出行工具是有所不同的。汉高祖刘邦颁布"贱商令",规定商贾不许"丝衣乘车"。到唐朝进一步扩大到工商、僧道、贱民。官员的出行工具因每个朝代的经济状况以及风俗观念而有所不同。因为久经战乱,西汉初期,皇帝乘马车,官员乘牛车,直到东汉光武中兴后,马车才开始取代牛车;隋唐至北宋,官员出行开始骑马;南宋至明朝,轿子开始流行,但官员的级别不同,乘坐的轿子是不同的;清朝规定,武官出行一律骑马,文官坐轿子,同样,官员的级别不同,乘坐的轿子也是不同的。而一般百姓出行的交通工具主要是驴车,其次是马车、牛车等。总之,在中国封建社会,人们的出行工具是有严格的等级限制的。

近代中国,铁路交通的出现彻底改变了这一切。不分等级,只要买票,就可以乘坐火车,所以身份、地位不同的人可以坐在同一个车厢。作为现代交通工具的火车打破了传统社会的等级制度,实现了在财富面前的平等。需要说明的是,客运列车按等级运输,一般把车厢分为三个等级或四个等级,不同等级的车厢,价格不同,必须根据本人的财力,购买相应的车票并乘车,从而出现了在财富面前的不平等。

从本质上说,在近代中国,作为人们出行工具的火车是用财富的不平等代替了地位的不平等,但这种代替,其进步作用是主要的。因为这一代替,一方面驱使人们从以前对身份地位的追逐转向对财富的追逐,促使更多的人从农业、从考取功名等转向从事工商业。这一转向有利于工商业的发展,也促使清政府在清末新政时期放弃了传统的"重农抑商"政策,同时也更有力地冲击了传统的义利观并促使其向现代转型。另一方面,身份地位的等级观念逐渐消失,人与人之间的平等意识开始增强。铁路客运在平等与不平等的互动中,消灭了地位、身份的不平等,将人们的目光转向对财富的追逐,追求财富成为正当的、合理的、合法的行为。

6.铁路的修建与运营动摇了小农意识

(1)铁路的修建与运营使农民确立了近代商品经济意识

铁路是一种捷速、省费、运量大的先进的交通运输工具。中国近代铁路一出现,它所具有的这些优势,便对中国社会、经济生活全方位地产生了广泛而深刻的影响。铁路一经铺设运营,运输时间随其运行捷速而减省,无形中缩短了运输距离,促进了腹地和边远地区的开通和开发,极大地增进了各地区内部、各地区之间的联系。在铁路运输的作用下,日益增多的输出和输入,促进着内外贸易的发展。

①铁路运输极大地推动了出口贸易的增长。上海1900年的出口贸易额

为 7800 万两,后因沪宁、沪杭甬铁路相继修成通车,大大促进了棉花和蚕茧等的生产和输出,1910 年,上海的出口额已增至 17800 万两。1900 年广州的出口额仅 1900 万两,在广三、广九两铁路通车后,出口额即增至 1910 年的 5400 万两。1904 年汉口的输出额不过 714 万两,1905 年京汉铁路通车,再加上湖南等地开辟内河轮船航运,华中地区的农产品等土货出口情况为之一变。过去出产不多或难以外运的棉花、芝麻、大豆、花生、桐油、禽蛋、牛羊皮、生漆等内地土货,在出口贸易中越来越占据重要的地位。过去,汉口以"茶港"闻名中外,出口土货中茶叶一直占居首位。但到 1909 年,芝麻的出口值已经超过茶叶。1910 年,汉口的出口总值已增加到 1790 万两。①

②同时,铁路运输也带动了国内贸易的发展,使商品的运销范围和市场面貌有了很大的改观。如河南安阳的棉花,在火车未通时,仅由小车或马车运销到邻近的卫辉、怀庆以及开封、许昌一带。此后由于铁路的修建和机器棉纺织业的发展,安阳棉花除部分供应该地广益纱厂外,其余北销天津、石家庄,东至青岛、济南,南运郑州、汉口,转销上海,其流通范围之广,"已非往昔之局促于本省者可比"②。天津由于京奉、津浦、京绥路之京张段的修筑,出口的农产品的来源逐步扩大。20 世纪初,天津港的经济影响力,已经辐射到了直隶、山西(包括归化、包头一带)和蒙古的全部,陕西、甘肃和新疆的各二分之一,山东的三分之一,河南的五分之一,满洲的十分之一。③ 特别是京绥路之京张段开通后,天津港出口额"于一年之中骤增数百万"④。

③流通领域缘于铁路运输而引起的变动也给予生产领域以较大影响,既

---

① 朱荫贵:《近代交通运输与晚清商业的演变》,《近代史学刊》2001 年第 1 辑,第 164—165 页。

② 朱荫贵:《近代交通运输与晚清商业的演变》,《近代史学刊》2001 年第 1 辑,第 165 页。

③ 侯振彤译:《二十世纪初的天津概况》,天津市地方史志编修委员会总编辑室 1986 年版,第 55—56 页。

④ 刘克祥:《1895—1927 年通商口岸附近和铁路沿线地区的农产品商品化》,见《中国社会科学院经济研究所集刊》(第 11 辑),中国社会科学出版社 1988 年版,第 6 页。

为投资工矿业创设了基础条件,也给予农业生产以影响,除了一般地促进农业产品的商品化,也引导某些经济作物的生产走向区域化。

京汉铁路的开通直接促进了直隶沿线地区棉花等农产品的商品化。京张铁路开通前,生花每斤价格不过七分,京汉铁路开通后,生花的价格大涨。在这种情况下,越来越多的农民放弃了传统粮食作物的种植,大面积改种棉花,以求获得比种植粮食作物更高的收益。正定一带的农民"对于其耕作地,十分之八皆种棉之用"①。定州、新乐、石家庄附近各县,"其植棉面积约占耕地十之七八"②。河南的烟草,主要集中在靠近平汉铁路的许昌附近,烟农总户达137000户,计932000余人,种植面积达到370000余亩,收购烟叶价值达1680万元。③

④铁路运输推动了产业的专业化。定州是近代河北农村中织布工业较为发达的地区。光绪初年,定州土布开始外销,主要销售于山西、察哈尔、绥远、内蒙古等地区。京汉铁路通车,为定州土布的输出创造了有利条件。定州土布输往西北各省的数量由1900年的850000匹、价值595000元,增加到1911年的2600000匹、价值2028000元(详见表4-3)。

表4-3　1900—1911年定县土布输出西北各地的数量和价值

年份	匹数	价值(元)	年份	匹数	价值(元)
1900	850000	595000	1906	1250000	1000000
1901	890000	623000	1907	1350000	1080000
1902	950000	665000	1908	1450000	1160000
1903	980000	784000	1909	1800000	1350000

---

① 章有义:《中国近代农业史资料》(第二辑),生活·读书·新知三联书店1957年版,第212页。

② 章有义:《中国近代农业史资料》(第二辑),生活·读书·新知三联书店1957年版,第237页。

③ 陈真:《中国近代工业史资料》(第2辑),生活·读书·新知三联书店1957年版,第143页。

续表

年份	匹数	价值(元)	年份	匹数	价值(元)
1904	1100000	880000	1910	2000000	1500000
1905	1200000	960000	1911	2600000	2028000

资料来源:张世文:《定弦农村工业调查》,第113页。转引自彭泽益《中国近代手工业史资料》第二卷,三联书店1958年版,第424页。

由表5-3可见,定州土布在京汉铁路全线通车前,除1904年和1905年外,其余各年间输入西北均不足百万匹。从1906年京汉铁路全线通车后,均在百万匹以上,年均增长率为11%。毫无疑问,定县土布输出数量的快速增长,与京汉铁路全线通车后带来的商品运输的快捷、价廉,以及市场的进一步扩大具有密切的关系。京汉铁路全线通车后,土布的销售产值由1906年的1000000元,增加到1911年的2028000元,6年间土布销售产值翻一番。土布销售收入的增长带动更多的人从事土布纺织业,全县从事织土布的村庄比例相当大,占全县的83%。而且,定县农家的土布制作,绝大部分是为市场进行的生产。以定县的第三、第六两区来说,自用的布匹只占全部生产总值的0.36%[1],余者全部销往市场。这说明定县的土布生产因受京汉铁路影响,专业化程度已达到较高水平。

1874年,英国人未经清政府允许,在上海擅自修建了中国首条铁路——吴淞铁路。1895年,清政府开始在全国范围内修建铁路。中国农民对在自己土地上修建铁路是持反对态度的,因为在铁路修建过程中,无论是在物质上、思想上、文化上,他们都没有得到实惠,只是饱尝苦难与不幸。

修筑铁路无疑会部分占用农民以此为生的耕地和以此为居的房屋,而西方列强"撵逐居人,焚烧房屋柴草"[2]。德国人修筑胶济铁路时,由于铁路路基

---

[1]　何汉威:《京汉铁路初期史略》,香港中文大学出版社1979年版,第166页。

[2]　《清德宗实录》,光绪二十五年二月甲辰谕。

高于农田,使雨水不能宣泄,以致"凡铁路所经若干里内,禾稼皆死"①。因失地、失屋,民众怨声载道,齐向洋人拼命。铁路的修筑威胁到传统的水路运输和陆路运输,以此为生的农民大量失业,使相当一部分农民的生活陷入困窘,被迫起来造反。西方文化与农民的传统感情与思想意识发生冲突。西方列强在修建铁路时,若"遇有古墓,不待迁徙,即行刨掘",这"为乡民所不乐为",而西方列强却"一文不与"②。西方列强在中国大规模修筑铁路,不仅大量攫取铁路附近地区的经济权益,而且铁路延伸到哪里,主权就丧失到哪里。对农民而言,铁路没有给他们带来繁荣,反而是贫困、失业。他们无法接受这一现实,从而做出强烈的反抗。

随着清末新政时期铁路的修筑及运营,铁路给农村经济带来了前所未有的变化。铁路沿线的农产品可以通过铁路大量外运,满足域外市场的需求,进而铁路沿线的农民获得了可观的收入。这一巨大变化不仅使农民放弃了对铁路的反抗,而且促使农民开始调整种植结构和规模。农民适应市场需求,或者开始种植能够获得更多利润的经济作物,而放弃了原来的粮食作物种植;或者大面积种植原有的粮食作物,满足市场的需求,以获取更多收益。种植业的变化表明,近代商品经济意识在沿铁路线地区的农民中产生,而农民近代商品经济意识的产生,无疑会进一步加快农产品的商品化的发展步伐。农产品商品化程度的提高,意味着农民对市场的依赖程度加强了,沿铁路线的农村日益脱离自给自足的自然经济阶段,向商品化、区域化、专业化的近代农业迈进。这又进一步提高了农民的商品经济意识。

近代中国农民由拒斥铁路到接纳铁路,是中国农民由自我利益保护到自我利益发展的过程,是由不明真相的保守到顺应历史潮流的开放的过程。这一转变过程是中国农民抛弃原有的小农意识,开始确立近代商品经济意

---

① 《山东近代史资料》(第 3 分册),齐鲁书社 1961 年版,第 98 页。
② 《中国近代史资料丛刊·义和团》(第 1 册),神州国光社 1951 年版,第 40—43 页。

识、开放意识的过程。

(2)铁路的修建与运营使农民确立了市场意识

铁路的修建与运营不仅促使铁路沿线地区农产品大量外销,而且也使外国商品开始大规模地进入到中国内地。1895—1911 年,中国进口贸易值由171696715 关两增加到 471503943 关两。① 在进口商品中,棉纱和棉布仍是最重要的品种,煤油、汽油是增长极快的品种,糖的进口量也增长很快,钢铁、机械、铁路材料、交通工具的进口也大幅增长。这一时期进口贸易的大量增长与本时期国内铁路的修筑及运营具有密不可分的关系。

此外,由于清末新政时期铁路的修建和运营,天津成为河北铁路的中心。外国商品以天津为中心,通过铁路开始向河北广大农村倾销,导致河北的棉纺织业急速衰落,昌黎县"纺织者大减"②,藁城县"土布之销售日衰"③。

中国铁路意味着中国小农经济及家庭工业的整个基础的破坏,④但铁路也造就了一个现代市场体系和制度,而适应现代市场体系和制度,是任何产业、行业生存和发展的首要条件。河北高阳的棉织业在洋布大量涌入之初受到猛烈冲击,但高阳棉织业适应市场的需求,改用洋纱织布,这样就提高了高阳布的质量,使其在市场上具有了较强的竞争力。此时,恰逢京汉铁路开通,因高阳位于京汉铁路沿线,高阳布借铁路之便开始销往外地。京汉铁路通车后,高阳布的销售走出本省,运销到山西、蒙古、河南、陕西、甘肃等省乃至更远的地区。从这时开始,高阳的棉织业已不再是为了满足家庭自身需要,也不只是在集市上销售,更不是仅限于省内销售,而是通过行商、布店销往外省外地市场。另外,为了满足市场对高阳布的需求,高阳棉织业开始采用先进的铁轮机代替旧式的木机,使织布效率大大提高。因此,在京汉铁路通车运营后,高

---

① 许涤新、吴承明:《中国资本主义发展史》(第二卷),社会科学文献出版社 2007 年版,第397 页。

② 《昌黎县志》(卷 4),1936 年铅印本。

③ 林翰儒:《藁城县乡土地理》,1923 年版。

④ 《马克思恩格斯全集》(第 38 卷),人民出版社 1972 年版,第 467 页。

阳棉织业适应市场需要,采用洋纱织布和先进的铁轮机,使得高阳布在质量和数量上不断满足市场的需求,销量也不断增长。京汉铁路通车后,高阳布的销售已走出本省,运销到山西、蒙古、河南、陕西、甘肃等省乃至更远的地区。高阳布产销两旺吸引着更多的人从事织布业,从县城到乡间,"轧轧之声,比户相接,集期一至,毂击肩摩,商货云集"①,使高阳逐步发展成为历史上著名的织布区。

高阳棉织业从面临破产的家庭副业到具有竞争力的地区产业,表明中国农民已从狭隘的小农意识开始转向开放的市场意识。

铁路的开通促使铁路沿线的农民的传统观念发生转变。飞奔的火车所导致的商品的输出和输入与农村传统的慢节奏的宁静的生活形成了鲜明的对比,在快与慢之间,实现二者和谐的唯一选择就是农民主动适应由铁路而形成的市场体系和制度。这就要求农民放弃落伍的传统观念,接受"适者生存"的新观念,这些新观念就是商品经济意识、市场意识。为了生存和发展,中国农民主动选择了这些观念,这是历史的进步。这一进步表明,中国传统文化的重要承载者开始了观念上的更新,尽管这种更新是局部的、缓慢的,但却预示着中国传统文化融入了新的因子,这些新的因子会在中国传统文化的土壤中不断生长,生成为中国文化的一部分。

7. 铁路的运营加速了管理意识近代化

中国封建社会是一个小农经济的汪洋大海,小农经济无须太多的管理思想。中国封建社会时期的管理思想主要不是管理经济的,而是管理政府与社会;即便是管理政府与社会,主要也不是靠法治,而是靠道德和礼教。中国管理思想侧重于宏观管理,忽视微观管理。而人类进入近代以来,管理思想更侧重于微观管理,即对企业的管理。近代企业对近代中国而言是一个新事物,如

---

① 李晓冷:《高阳县志》(卷2),民国1933年铅印本,第6页。

何实现科学、有效的管理,我们没有经验,借鉴西方管理思想和经验,制定符合中国国情的管理制度就显得尤为重要。在中国铁路的建设和运营中,中国技术人员学习、引进西方的现代管理方法,并与中国实际相结合,形成了符合中国实际的科学的管理思想。

(1)建立了统一、完善的技术标准与管理规范

甲午中日战争后,中国修筑的铁路日益增多。由于这些铁路所属不同,有的属于官办,有的属于商办,又由于聘请到中国主持修筑铁路的工程技术人员、管理人员来自不同的国家,代表着不同的技术习惯,加之中国各部门之间也存在矛盾,这些原因使得近代中国铁路建设没有统一的铁路技术标准和管理规范。以铁路轨距为例,我国东北三省铁路因名为中俄合办,实系沙俄直接修筑和经营,所以采用与西伯利亚相同的俄制 1.524 米轨距;滇越铁路为法国直接修筑、经营的,采用与它的越南殖民地铁路相同的 1 米窄轨;正太铁路为法国贷款修建的,原也采用 1 米窄轨,又山西省修建的同蒲铁路原也采用 1 米窄轨,以后都改为标准轨距;清末在台湾省修建的第一条铁路采用 1.067 米窄轨。

由于缺乏统一的铁路技术标准和管理规范,在实际操作中呈现出许多混乱、甚至自相矛盾的问题,给中国铁路建设带来极大的困难。以詹天佑为代表的中国工程师们注意到铁路建设中存在的这些问题,并在铁路建设中建立起中国铁路统一的技术标准和管理规范。我国自唐胥铁路起开始采用 1.435 米(4 英尺 8 寸半 2)标准轨距,以后沿为定制。他们对铁路的路轨、线路、轨道、机车、车厢、车站等都提出了严格统一的技术标准,这为后来中国铁路建设技术标准的统一奠定了基础。

(2)建立了铁路行车营运的管理规则

铁路行车需要健全的管理规则,这样才能保障铁路运输的安全、顺利进行。在主持修建京张铁路期间,为了保证行车安全,詹天佑制定了一套行车规则,包括《行车规则》《调动车辆规则》《立杆号志规则》等,对设立路警、车站

等处的防卫也作了规定。这是中国铁路史上第一套严格、科学、具体、细致、实用的铁路行车规章制度,不仅为京张铁路列车营运提供了有力保障,而且为全国铁路列车营运提供了规范。

晚清工业化是从引进西方科学技术开始的,但所办企业的管理相当落后。洋务运动时期的官办企业实行的是衙门式管理,经营不讲效益,产品质量低下。即使是官商合办和官督商办的民用企业,其管理大多也是由政府专派大员,用人理财悉听调度,商人没有多少发言权,还要承担企业的亏损。企业内部极其腐败,充斥着营私舞弊、贪污受贿、挥霍浪费等官场恶习。甲午中日战争后,我国的民族资本主义企业仍然没有采纳西方的先进管理制度,而是沿用了最早实行于外商在华工厂的工头制。这种制度严重阻碍了生产技术的进步,制约了劳动生产率的提高,影响了企业经营的正常决策,成为生产力发展的严重桎梏。企业管理的滞后严重影响了中国工业化的发展,也影响和制约了中国近代铁路的发展。

以詹天佑为代表的中国工程师把西方的管理技术引进到中国,并结合中国实际,形成新的管理思想和理念,冲击了中国传统社会的惰性,给近代中国铁路发展注入了活力。与一般企业管理相比,铁路管理要求时间上的严苛准时,这样才能保证行车安全;铁路管理要求标准完全统一,才能使列车通行无阻;铁路管理要求操作必须规范,才能避免隐患的发生。这种管理是不讲人情的,这对讲人情的中国社会是一个极大的冲击。基于安全的考虑,中国人接纳了铁路的管理规则。铁路的管理规则深深地影响着每一位乘客,通过乘客,铁路管理思想又在更大的范围内被接受。这种持续在更大范围传播的管理思想,逐渐融于人们的生活中,成为中国文化的重要组成部分。

(六)女权意识觉醒

《辛丑条约》签订后的三四年间,帝国主义的资本和商品大量输入,民族资本主义近代工业受到了帝国主义的沉重打击,因此,民族资本主义近代工业在 1901—1904 年发展缓慢。1901 年设立的厂矿不过 5 家,1902 年 15 家,1903 年 9 家,1904 年 23 家,4 年间总共 52 家,全部资本 1147 万余元。[1]

《辛丑条约》签订后,清政府宣布实行新政,而新政涉及经济方面的内容始于 1903 年商部的设立。商部设立后,清政府颁布了一系列工商业规章和奖励实业的办法,如《钦定大清商法》《商会章程》《铁路简明章程》《奖励华商公司章程》《矿务章程》《公司注册章程》《试办银行章程》等。这些章程规定,允许自由发展实业,奖励兴办工商企业,鼓励组织商会团体,因而有利于民族工商业的发展,有利于社会经济的繁荣。在商部设立后的 1904—1905 年,日俄两个帝国主义国家互相厮杀,美、英等国又在财政和资源方面大力支持日本,暂时放松了对中国的经济掠夺;1905 年中国人民掀起了抵制美货运动,使美国商品的输入大为减少;各省收回路矿利权的运动也日益发展,打击了帝国主义的侵略势力。因此,1905—1908 年民族资本主义近代工业的发展较为迅速,资本家纷纷投资建厂。1905 年设立的厂矿有 54 家,1906 年 64 家,1907 年 50 家,1908 年 52 家,4 年间总共 220 家,全部资本达 7319 万余元。[2] 以纺织业为例,规模较大的纺织工厂,都是在这 4 年间设立的,1905 年有常熟裕泰纱厂,1906 年有太仓济泰纱厂、宁波和丰纱厂,1907 年有崇明大生二厂、无锡振新纱厂、上海振华纱厂和九成纱厂,1908 年有上海同昌纱厂、江阴利用纱厂,等等。

总之,清末新政时期,特别是 1904—1910 年,民族资本主义近代工业又出现了第二次小高潮。在这 6 年间新增设的厂矿竟达 297 家,资本近亿元。纯商办的厂矿企业,在全部企业中所占的比重也有显著的增长。1900 年以前,商办厂矿 121 家,约占资本总额的 40%;1901—1911 年,商办厂矿 277 家,约占资本总额的 60%。[3] 但民族资本主义工业的发展,主要是在轻工业方面,特

---

[1]　徐凤晨、赵矢元:《中国近代史》,辽宁人民出版社 1982 年版,第 563 页。
[2]　徐凤晨、赵矢元:《中国近代史》,辽宁人民出版社 1982 年版,第 563 页。
[3]　严中平:《中国近代经济史统计资料选集》,科学出版社 1955 年版,第 93 页。

别是纺织、食品等行业。1901—1911 年设立的纺织工厂有 75 家,资本 1600 余万元;食品工厂 90 家,资本 1400 余万元。① 工业化发展至此,奠定了强大的女权意识觉醒的物质基础,从而强有力地推动了女权意识的觉醒。

1. 女性在经济上日益独立

(1)女性成为产业工人

伴随着清末新政时期工业化的发展,企业需要大量劳动力,由于中国的工业主要是轻工业,因此在中国工业领域有大量的女性成为产业工人。以缫丝业为例,近代机器缫丝业主要雇佣的是女工。据统计,缫丝工人的规模是当时所有近代工业产业中最大的。例如,1894 年,中国近代工业工人仅为 12 万人,其中缫丝工人规模最大,约有 4 万人,占全国工人总数的 1/3。② 1910 年初,全国近代工业工人约 66 万人,其中缫丝工人仍为各行业之首,有 9 万人,约占 1/7;当时全国雇用 500 名工人以上的大型企业有 156 家,其中仅机器缫丝厂就有 71 家。③ 有人推算,19 世纪末 20 世纪初,中国女工人数约占工人总数的 1/3 强。④ 由此可以断定,清末新政时期,大量的女子参与到了工业化进程中。

中国工业在晚清时期主要是轻工业,轻工业不仅意味着对女性工人的需求量较大,同时也需要大量的熟练技术工人。但在漫长的封建时代,中国社会奉行的是"女子无才便是德",进而导致中国妇女很少有接受正规文化教育的。一个没有接受文化教育的妇女,很难成为现代工业生产中的熟练技术工人;没有熟练技术工人的工业生产,不可能有好的工业产品出现;而没有好的

---

① 严中平:《中国近代经济史统计资料选集》,科学出版社 1955 年版,第 94 页、95 页。
② 孙毓棠:《中国近代工业史资料》(第一辑),科学出版社 1957 年版,第 1202—1203 页;徐新吾:《中国近代缫丝工业史》,上海人民出版社 1990 年版,第 576 页。
③ 农商部总务厅统计科:《中华民国元年第一次农商统计表》(上卷),第 3—5 页;汪敬虞:《中国近代工业史资料》(第 2 辑),生活·读书·新知三联书店 1957 年版,第 1183—1190 页。
④ 刘巨才:《中国近代妇女运动史》,中国妇女出版社 1989 年版,第 273 页。

工业产品的工业,是不会走得更远、更好的。一方面是清末新政时期工业化需要大量的女性工人且必须拥有一定的知识技能,另一方面是女性工人中缺乏既有近代普通文化知识,又有专门知识技能的女性,因此,劳动力供需矛盾凸显,而兴办教育成为解决女性劳动力供需矛盾的关键所在。在这样的背景下,女子学堂和女工传习所应运而生。

①兴办女子学堂

为了适应工业化发展的需要,1902年,清政府要求各省设立农务、工艺学堂。1904年,清政府制定并颁行了中国近代第一部学制——《癸卯学制》,确立了实业教育制度,女子实业教育由此开始。1901—1910年,全国主要城镇涌现了一批女子学堂:1901年留日归国学生杨白民在上海创办城东女学;1902年蔡元培在上海创办爱国女校,广州女医师张竹君创办育贤女学;1903年胡和梅在无锡创办胡氏女子小学;1904年曾广镛在长沙创办淑贞女学,吕碧城在天津创办北洋女子公学,张竹君在上海、河南创设女子工艺学校,俞树萱于上海创立自立女工传习所,史家修创立上海女子蚕桑学堂;1906年山东潍县创办志成女学堂,吕慧如在南京创立江南女子中学;1907年来举宅在开封创办女学。此外,天津公立女子学校、北京崇文女学堂、南京吕宁女学、长沙湖南第一女学堂、嘉兴爱国女社等均在这一时期创立。据1909年学部的不完全统计,全国共有小学堂51678所,除教会女学外,女学堂308所,小学生总数1532746人,其中女生为14054人。①

②设立女工传习所

除了兴办女子学堂外,在全国城乡还设立女工传习所,向中年妇女和贫穷女子传授实用而易学的营生技能。这些传习所主要分为专业性和综合性两类。专业性的传习所主要包括刺绣和蚕桑两种。1908年张謇创办的通州女子师范学校手工传习所(后改称南通女子刺绣传习所),主要传授刺绣工艺,

---

① 陈翊林:《最近三十年中国教育史》,上海太平洋书店1931年版,第100页。

同时还传授编制、裁缝等工艺。1911 年四川省共设立蚕桑传习所"一百三十余校,学生四千二百余名,并特开方外传习班,创立女子制丝传习所,务令蚕业普及,地无游民"①。与专业性传习所相比,综合性传习所的授课内容更加丰富。1905 年开办的扬州女工传习所教授"针黹、绒绣、线绣、刺锦、品金、绣金、机织中西各式衣帽、鞋袜、中枕、雪衣、汗衫等"②。1905 年浙江绍兴开办的女工传习所,以速成法教授各种女工,其中手工钩编类有各式领、帽花、卉毯、钱袋、云肩、手套、丝带、绒袜等类;针黹类则有刺绣、铺绣、绣挑等类;机工缝纫类则有摺绉、打裥、鞋面云头等类;组织类则有中国衣裤、外国衣裤、毛巾等类。该所并教以识字、写字、造名、书信、算术等。③

　　女子学堂和女工传习所的设立,大大提高了女子的文化水平和技能水平。落后的生产力和传统观念使中国女性在漫长的封建时代很少接受正规的文化教育,这严重制约了女性的自身发展和解放。然而在清末新政时期,伴随工业化的发展以及对技术工人需求的增加,开始注重对女性的技能培训,而这种技能培训又不能完全抛开对女性的文化课讲授,所以,在很多传习所章程中都明确规定了对学员文化课的培训。"女子若不认字,虽有他项技能,各事仍有倚赖他人之处,究多不便。惟今岁速成班以为期太促……兹改以一年为限,兼教国文、算学及手工机器科目。其有寒素之女必不能学一年者,仍归速成班,改六个月毕业。"④由于传习所中有正常班和速成班之分,所以文化课分为必修课和随意课。"艺课为中外女红……学课教授以国文修身,以家政、算学为必修课,图画、乐歌为随意课,正科生均需全习,速成科生酌定数门教授。"⑤鉴于学员基础薄弱,在教材的编写上采取了让学员易学易懂的新形式。"教科书,

---

①　《申报》1911 年 4 月 10 日。

②　《扬州女工传习所章程》,《直隶教育杂志》1905 年第 4 期。

③　《申报》1905 年 2 月 24 日。

④　中华全国妇女联合会妇女运动历史研究室:《中国妇女运动历史资料(1840—1918)》,中国妇女出版社 1991 年版,第 89 页。

⑤　《女工传习所简章》,《北洋官报》1906 年第 9 期。

用白话文言对照,上编以白话为经,文言为纬,下编以文言为经,白话为纬,并附教授法,按法教授。习六个月,可看白话书报,习一年可写浅近信札。"①这种教材可谓通俗易懂,有利于学员对文化知识的快速掌握。传习所中文化课的开设,既有利于女性提高文化知识水平,也有利于女性对工艺课的学习和理解,使女性能够更快更好地掌握一门或多门工艺,实现迅速就业。

总之,女子学堂教育以及女工传习所文化课的讲授,开阔了女性的视野,使她们认识了一个更为广阔的世界,一个与她们当下所生活的世界完全不同的新世界,并启迪她们去追求、去争取这样一个新世界。

(2)女工获得了经济独立

在传统农业社会中,女性就业是一个客观存在而主观被忽视的问题。但进入近代以来,特别是清末新政时期,随着工业化的快速发展,迫切需要女性加入到工业生产领域。这样,大量的女性走进近代企业,实现了女性就业,而女子学堂和传习所的出现为女性实现就业提供了极大的便利。在传习所学成毕业后的女性,或往内地传习,或留本所为师范生,而大部分则走进工厂做工或担任技术指导。总体而言,受过学堂教育的女性的就业前景比较好。

诚然,由学堂和传习所培养的女工在女工总数中并非占主要的,主要部分仍然是没有经过培训直接进入工业领域的。但不论以何种身份进入工业领域,她们中大部分人都实现了经济独立。以珠三角缫丝女工的工资为例,据1911年农商部调查统计,珠三角地区缫丝厂工程师每月可得工资20元,职员10元,女工6元。② 而20世纪初,平均5口的农家,维持生计每年约需195.8元。③ 从这组数据可知,女工基本上实现了经济独立。

---

① 中华全国妇女联合会妇女运动历史研究室:《中国妇女运动历史资料(1840—1918)》,中国妇女出版社1991年版,第168页。

② 《粤东丝业实地调查录》(三续),《大公报》1917年4月29日。

③ 苏耀昌:《华南地区:地方历史的变迁与世界体系理论》,中州古籍出版社1987年版,第182页。

2. 经济独立引致女性角色发生重大变化

经济独立引发了中国女性在家庭、社会中的角色发生了重大变化。

(1) 女子在家庭中地位的变化

中国经历了两千多年的封建社会,这是一个男耕女织的农业社会。男耕是中国封建社会的基础、根本,也是一个家庭的基础和根本,因为没有男耕就没有女织,一个家庭必然破产。男耕是高强度的体力劳动,由于性别差异,男子是男耕女织的农业社会的主力军,女性无法代替其作用,女性在家庭、在社会的作用被严重矮化,甚至忽视了其地位和作用。女性一旦没有地位,首要表现为经济地位的丧失,而经济地位的丧失最终导致女性在家庭和社会中所有权力的丧失,进而女子成为男人的附庸。女性权利的丧失必然导致其主动性、积极性、创造性的丧失,其结果是不利于社会进步的。女性无权、无地位,看起来是一个经济问题,本质上是一个生产力发展水平问题。也就是说,要改变女性的地位、争取其应有的权利,必须发展生产力。

工业化的到来,为女性地位的改变提供了条件。工业化意味着机器可以代替部分体力劳动,男子在体力劳动中的作用开始下降。工业化一般都是从轻纺工业开始的,而轻纺工业的生产流程中的许多环节完全不需要强体力劳动,需要的是持续的耐力和灵活性。这样的生产活动,女性是完全可以胜任的,且与男性相比女性更具有优势。随着清末新政时期工业化的发展,大量的女性进入到工业企业中去,其数量应在 30 万人以上,是当时全国产业工人总数的 1/3 强。[①] 女性走出家门、进入企业工作获得了可观的劳动报酬,这必然使她们认识到自己已不再是家庭的累赘,而是家庭的顶梁柱,她们不仅可以自己养活自己,而且可以补贴家用,甚至可以养活全家。她们所创造的财富由原先的隐性财富变成显性财富,由完全被忽视到可以被计量。这正如秋瑾所言:

---

① 刘巨才:《中国近代妇女运动史》,中国妇女出版社 1989 年版,第 273 页。

"但凡一个人,只怕自己没有志气;如有志气,何尝不可求一个自立的基础,自活的艺业呢? 如今女学堂也多了,女工艺也兴了,但学得科学工艺,做教习,开工厂,何尝不可自己养活自己吗? 也不致坐食累及父兄夫子了。一来呢,可使家业兴隆;二来呢,可使男子敬重,洗了无用之名,收了自由之福。"①

(2)女子在夫妻关系上的变化

在传统农业社会,由于女性在经济上没有独立性,致使她们在家庭以及社会中处于从属地位。这种从属关系被观念化为"男尊女卑""三从四德""三纲五常"等。这种观念化的思想意识严重束缚着女性的发展,使女性本身所具有的能力和才华不能正常发挥,而且越来越羸弱,地位也越来越卑微。

维新运动时期,维新派出于救亡图存、强国保种的需要,提出妇女解放的问题。但由于维新运动的快速失败,这一时期的工业化没有得到普遍的展开,加之这一时期工业化主要集中在路矿领域,使女性解放意识处于萌芽阶段。清末新政时期则完全不一样,由于工业化快速、广泛的发展,大量的女性走进近代工业企业从事劳动,开始实现经济上的独立。同时这一时期,一些率先觉醒的知识女性的呼吁和行动推动了中国女性对夫妻关系的重新认识。她们认识到:"上天生人,男女没有分别""天下事靠别人是不行的,总要求己为是。当初那些腐儒说什么'男尊女卑''女子无才便是德''夫为妻纲'这些胡说,我们女子要是有志气的,就应当兴师问罪"②。清末新政时期的女性已经认识到男女之间本无差别,而所谓男尊女卑是后天强加的。要取得夫妻之间的平等地位需要自己的努力,一方面要反对这些陈旧落后的传统观念;另一方面要振作,要学习,要敢于冲破传统落后观念的束缚,不安于现状,勇敢地面对挑战,做一个完全独立的人,而不是一个逆来顺受、一味地讨男人喜欢的奴隶。

(3)女子在婚姻问题上的变化

在中国传统婚姻中,女性是没有主动权和选择权的,其权利完全掌控在父

① 秋瑾:《秋瑾集》,上海古籍出版社 1991 年版,第 15 页。
② 秋瑾:《秋瑾集》,上海古籍出版社 1991 年版,第 6 页。

母手中,即所谓的"父母之命,媒妁之言"。中国传统婚姻中,女性之所以没有婚姻对象的选择权,是因为女性没有实现经济独立,女性往往被视为"多余"和"累赘",把女孩嫁出去可以减轻家庭负担。在婚后生活中,"妻以夫纲",男性对女性拥有绝对的权力,而女性处于无权地位,男子有休妻的权利,而女子只能被动地接受,这也与女性经济不独立有关。清末新政时期的工业化使大量女性走出家门,进入企业工作,并获得相应的报酬,实现了经济独立。经济独立后的女性在择偶的标准和夫妻关系上都提出了新的主张和要求。她们要求婚姻自由、男女地位平等、废除包办婚姻、取缔纳妾,主张婚姻关系中的自由、平等与尊严。她们的新主张和新要求既是女性经济独立的必然反应,也是她们在工业化时代对婚姻的新认识。她们认为夫妻关系决定人间的基本走向,人世间的婚姻要得以长久,必须以爱情为基础。"夫妇之际,人道之大经也。而人道何以久,非婚姻。婚姻既是仪式又是精神,婚姻是爱是神圣的。"①以爱情为基础的稳定的夫妻关系是社会稳定的基础,同时,以爱情为基础的夫妻关系必然是平等的,是一夫一妻制的。"自由与平权为孪生之儿。自由特早一时而生者也。是故自由起而后平权立。平权立而后,一夫一妻制行。则君子之道,造端乎夫妇也……不容第三者插足……"②

3. 女性角色变化引发中国女权意识觉醒

随着清末新政时期工业化的推进,中国女性角色发生了重大转变。面对这一转变,部分先进的知识女性率先催发并推动了中国女权意识的觉醒。

(1)爱国救亡意识

女性参与工业化,实现经济独立,必然会提高家庭生活水平。家是最小国,国是千万家。每个家庭的命运是与国家的命运相联系的。面对近代以来中国积弱积贫、民族危机日趋严重的局面,中国女性喊出了"国家兴亡,匹夫

---

① 金天翮、陈雁编校:《女界钟》,上海古籍出版社 2008 年版,第 66 页。
② 金天翮、陈雁编校:《女界钟》,上海古籍出版社 2008 年版,第 81 页。

有责"的口号。她们提出女子自立以兴国的主张。"吾国积累之故，彼二万万之男子，固不得辞其责，然吾所尤痛心者，乃二万万之女子也。……自今而后，凡我女子，苟人人以中国之患难为己之患难，中国之腐败为我之腐败，抱此思想，达其目的，则中国之兴如反掌耳！若袖手旁观，任其灭亡，而反委过于男子，是直不以人类自处，何其暴弃至是耶！吾愿我同胞急自奋励，勿放弃其责任，则吾中国庶有豸乎！"①她们认为，挽救民族危亡，男子有不可推卸的责任，但女子也不能袖手旁观。女子也应当抱着民族的苦难就是我的苦难的思想，投身到民族救亡运动中去，与全国人民共同奋斗。这样，中国才能兴盛。

她们还提出女子自立以强国的主张。"吾今敢告我诸姊妹曰：今日国亡种奴之故，非他人之责，而实我与诸君之罪也。……然则诸君而甘为亡国罪首则已耳，诸君而不甘也，则请与诸君约：誓须独立，誓尽义务，为国家吐气，为种族雪耻。"②她们提出，民族危机的存在与女子也是有关系的，要摆脱民族危机、实现国家强大，女子要实现以经济独立为基础的人身独立，要尽一个国民的义务，这样才能有助于国家的强盛、民族的复兴。

工业化使女性走出家庭，走进近代企业，得以实现经济独立，企业的命运与女工的命运紧紧地联系在一起。在半殖民地半封建的中国，近代企业多是中小企业，经常受到外国帝国主义的挤压，生存艰难，严重影响女工的生存。知识女性积极引导中国女性参加反对帝国主义的斗争。在拒俄运动中，知识女性积极参加，她们发表演说抨击清政府的腐败，呼吁国人团结起来，一致拒俄。在抵制美货的运动中，以施兰英为代表的知识女性呼吁全国女性团结起来，共同抵制美货，她们的倡议得到广大女性的积极响应。在争取路矿权的斗争中，上海、广东等省的女子纷纷设立"女界保路会""女界保存路矿会"等团体，在挽回路矿权的斗争中发挥着女性的作用。

---

① 胡彬夏：《论中国之衰弱女子不得辞其最》，《江苏》1903 年第 3 期。
② 香山女士刘瑞平：《敬告二万万同胞姊妹》，《女子世界》1904 年第 7 期。

（2）国民意识

随着清末新政时期工业化的发展,更多的女性进入近代企业,一方面她们获得了经济上的独立,因而在家庭中的地位也发生了变化;另一方面她们进入工厂工作,也意味着她们与社会将发生更多的联系。响应家庭中夫妻关系的变化,那么在社会中男子和女子的关系应该怎样? 女性对这一问题必然十分关注,她们声称:"社会进化权力伸,我女子亦国民"。[1] 以知识女性为代表的中国女性主张拥有与男子相同的"国民"身份,享有"国民"应享有的权利,履行"国民"应履行的义务。"女国民"不仅仅是与男国民拥有相同的权利和义务的一个概念,更是一个身体力行的行动。但当时中国女性的整体状况是,"虽有女国民的形象,但无女国民的精神"[2]。因此,中国女性要成为真正的"女国民",就要培养女性的独立精神。

在女性独立精神的培养中,很重要的一条是废除缠足。"今之女子,大半坐食……抑由女子之不能役其力以自养,有以短其气也? 由是之故,人人皆重家而轻国。夫如是国安得不危且弱也?"[3]妇女缠足使得女子被束缚在家庭中,不能无拘束地走向社会,自由地参与到近代工业生产中,实现经济独立和人格独立。没有经济独立和人格独立,就不可能有女性独立精神,那么女性就不可能成为真正的"女国民"。在女性不能成为真正国民的国家,国家危弱就成为必然。妇女缠足既是导致女性经济不独立的重要原因之一,又是导致国家危且弱的原因之一。基于此,中国女性建立了不少的废缠足组织,积极开展废缠足运动。废缠足运动是培养女性独立精神的重要一环,是女性国民意识觉醒的重要标志。废缠足运动也表明中国人开始放弃崇尚女子裹足这一不健

---

① 李又宁、张玉法:《近代中国女权运动史料》(上册),传记文学出版社1975年版,第451页。

② 张枬、王忍之:《辛亥革命前十年间时论选集》(第二卷下),三联书店1980年版,第895页。

③ 中华全国妇女联合会妇女运动历史研究室:《中国妇女运动历史资料(1840—1918)》,中国妇女出版社1991年版,第326页。

化、经验模式化的传统社会的沉寂，使古老的中国有节奏地、持续地流动起来。在快速、流动与凝滞、固定的碰撞中，古老传统的中国社会开始了它的震颤与不安，新思想、新观念、新希望在震颤和不安中产生了，并不断向它冲击。震颤和不安的古老传统社会唯一的选择就是适应时代发展，接受新思想、新观念、新文化。

4.铁路的运营改变了传统的交际礼俗

中国封建社会在男女关系上强调男女隔离与疏远，严防非夫妇关系的两性有过多的接触，但火车却改变了这一规定。火车由多节车厢编组而成，每节车厢一般不设男座、女座，车厢内男女混坐在一起。一个车厢内，男女之间或仅咫尺之遥，或摩肩接踵。在男女授受不亲的礼节与男女混坐的现实之间，人们选择了男女混坐，由此，"男女杂坐不以为嫌"逐渐被社会认可，"男女授受不亲"被淡忘、被抛弃了。男女近距离相处变得习以为常。

火车意味着遥远，也意味着咫尺，时间意味着漫长，也意味着短暂。遥远与短暂、咫尺与漫长在火车车厢这个流动的空间里汇聚，异性男女因而相识和交往，传统观念被一个个小小的流动空间所颠覆。

5.铁路的运营改变了传统的等级观念

在中国封建社会，人们的出行工具是有所不同的。汉高祖刘邦颁布"贱商令"，规定商贾不许"丝衣乘车"。到唐朝进一步扩大到工商、僧道、贱民。官员的出行工具因每个朝代的经济状况以及风俗观念而有所不同。因为久经战乱，西汉初期，皇帝乘马车，官员乘牛车，直到东汉光武中兴后，马车才开始取代牛车；隋唐至北宋，官员出行开始骑马；南宋至明朝，轿子开始流行，但官员的级别不同，乘坐的轿子是不同的；清朝规定，武官出行一律骑马，文官坐轿子，同样，官员的级别不同，乘坐的轿子也是不同的。而一般百姓出行的交通工具主要是驴车，其次是马车、牛车等。总之，在中国封建社会，人们的出行工具是有严格的等级限制的。

近代中国,铁路交通的出现彻底改变了这一切。不分等级,只要买票,就可以乘坐火车,所以身份、地位不同的人可以坐在同一个车厢。作为现代交通工具的火车打破了传统社会的等级制度,实现了在财富面前的平等。需要说明的是,客运列车按等级运输,一般把车厢分为三个等级或四个等级,不同等级的车厢,价格不同,必须根据本人的财力,购买相应的车票并乘车,从而出现了在财富面前的不平等。

从本质上说,在近代中国,作为人们出行工具的火车是用财富的不平等代替了地位的不平等,但这种代替,其进步作用是主要的。因为这一代替,一方面驱使人们从以前对身份地位的追逐转向对财富的追逐,促使更多的人从农业、从考取功名等转向从事工商业。这一转向有利于工商业的发展,也促使清政府在清末新政时期放弃了传统的"重农抑商"政策,同时也更有力地冲击了传统的义利观并促使其向现代转型。另一方面,身份地位的等级观念逐渐消失,人与人之间的平等意识开始增强。铁路客运在平等与不平等的互动中,消灭了地位、身份的不平等,将人们的目光转向对财富的追逐,追求财富成为正当的、合理的、合法的行为。

6. 铁路的修建与运营动摇了小农意识

(1)铁路的修建与运营使农民确立了近代商品经济意识

铁路是一种捷速、省费、运量大的先进的交通运输工具。中国近代铁路一出现,它所具有的这些优势,便对中国社会、经济生活全方位地产生了广泛而深刻的影响。铁路一经铺设运营,运输时间随其运行捷速而减省,无形中缩短了运输距离,促进了腹地和边远地区的开通和开发,极大地增进了各地区内部、各地区之间的联系。在铁路运输的作用下,日益增多的输出和输入,促进着内外贸易的发展。

①铁路运输极大地推动了出口贸易的增长。上海1900年的出口贸易额

康的、病态的传统文化习俗。

(3)实业意识

清末新政时期,较多参与工业化的女性获得了经济独立,而经济独立的获得使她们认识到兴办实业的重要性。张竹君认为:"故欲救空论,必与实业。且女子苟能治实业,即为自立之首基。余在粤所办女子实业学堂,今已粗见成效。吾故甚望爱国女学校,也能注意于女子之实业,则有裨于吾女子者大矣。"①空论误国,实业救国,女子实现独立也是如此。以张竹君为代表的中国女性认为,空谈不能实现女性独立,唯有从事、兴办实业,才是女子实现人格独立和经济独立的根本。秋瑾也认为,女子实现独立的一个重要的出路是兴办实业。她说,一个人只怕自己没有志气,如果有志气,就能有自立的基础、自活的艺业。但凡能学得科学工艺、做教习、开工厂,就可以自己养活自己,不至于等着别人来养活。这样既可以使家业兴隆,也能得到男子的敬重。② 秋瑾认为女子学习并掌握一门科学工艺,是求得女性独立的前提,在此基础上,开办工厂,可使女子本人获得经济独立,能使家庭富裕,最终使女子获得完全自由。

当然,女子兴办实业不仅仅是为了实现女性自身独立而已,她们兴办实业,是为了履行一个国民应尽的责任和使命,与所有的中国人一道,完成救亡图存,实现民族复兴的伟业。当时很多女性兴办实业的宗旨就是救国救民,例如,女子兴业公司的宗旨就是:"组织女子兴业公司,将以提倡各界专用国货,尽国民之天职。"③女子实业意识是当时中国实业救国思潮的重要组成部分,它进一步推动了中国人的思想观念从重农抑商到实业兴邦、实业富邦的转变,为中国工业化的发展扫清了观念上的障碍。

清末新政时期,女权意识的觉醒是与这一时期工业化发展密不可分的。

---

① 中华全国妇女联合会妇女运动历史研究室:《中国妇女运动历史资料(1840—1918)》,中国妇女出版社 1991 年版,第 303 页。

② 秋瑾:《秋瑾集》,上海古籍出版社 1991 年版,第 15 页。

③ 中华全国妇女联合会妇女运动历史研究室:《中国妇女运动历史资料(1840—1918)》,中国妇女出版社 1991 年版,第 660 页。

女权意识的觉醒旨在唤醒中国所有女性同胞,在工业化下,重新认识自己,重新发现自己,重新定位自己,把自己的命运和国家的命运联系起来,在完成救亡图存、国家富强的任务中,实现自己命运的根本改变。女权意识的觉醒是对中国传统文化中的男尊女卑等守旧、落后观念的挑战,那些不合时宜的封建礼教、封建道德开始从中国文化中退出,一些适应历史发展需要的女性文化慢慢加入到中国文化中来。

(4)近代服饰审美意识

服饰,狭义上是指衣服上的各种装饰(如衣服上的装饰图案、刺绣、纽扣、腰带、胸针、挂件等),或除包裹躯干与四肢以外的鞋、帽、背包、首饰等,广义上是指人类在生活中的一种穿戴、装饰的行为。[①] 在中国封建社会,每个朝代都有自己特定的服饰。1840 年后,西方服饰开始传入中国,尽管光绪中期后,西方服饰逐渐被国人效仿,但清末新政前,中国服饰基本上沿袭旧制,没有明显的变化。

清末新政时期,中国服饰发生了重大变化,而同时期的工业化则加速了中国服饰的变革。清末新政时期的工业化使大量女性进入职场,由于工作时间相对较长,她们无暇手工刺绣装饰服饰,因此印花服饰大量增加。大量女性进入职场,不再被局限在家庭中,个人接触到的社会活动场所增多了。她们走进茶楼、戏院、歌舞厅、公园、体育运动场等各种公共娱乐、运动场所,因而她们在服饰上也讲究起来。在广东,"据说这些女工总是衣着漂亮、外貌娇美,经常光顾戏场"[②]。进入职场的女性,大多实现了经济独立。当她们走进能表现自身能力和价值的场所时,她们更关注衣着打扮,这加速了服饰的更新与转变。

在中国封建社会,服饰是服从于礼制的。封建礼制的主要内容是等级制度和伦理道德,不同的服饰表明不同的尊卑贵贱等级。清末新政时期,国人抛

---

① 刘国联:《服装全概念导读》,中国纺织出版社 2009 年版,第 3 页。
② 苏耀昌:《华南地区:地方历史的变迁与世界体系理论》,中州古籍出版社 1987 年版,第182 页。

弃了原有的服饰,代之新的多样的服饰。服饰的转变和更新冲击着封建等级
制度和封建伦理道德,意味着服饰作为标识封建等级制度的作用不断被弱化
甚至消失,服饰开始从封建政治的束缚中解脱出来,转向表现和追求以经济为
基础的个性张扬;也意味着服饰具有封建伦理道德功能的弱化,服饰开始从封
建伦理道德的束缚中解脱出来,转向以经济为基础的价值取向和审美取向。
服饰的转变和更新也是对个人审美的充分肯定。

三、文化变迁中的文化自信的缺失

清末新政开始于 1901 年,也就是《辛丑条约》签订之年。《辛丑条约》的
签订标志着中国被迫全面加入全球化进程中,清末新政时期工业化必然会受
到全球化的影响,其表现为西方资本大肆进入中国,试图左右中国工业化。为
了摆脱西方资本对中国工业化的控制,争取自己掌控中国工业化的主导权,中
国人民进行了利权收回运动、抵货运动等爱国运动。在这一系列捍卫中国工
业化的运动中产生了经济民族主义。经济民族主义本质上是爱国主义,但中
国的经济民族主义不是狭隘的爱国主义。在经济民族主义影响下产生的开放
意识,是对传统的闭关锁国政策及其观念的否定,在经济民族主义影响下产生
的国货意识,不是盲目排外。中国传统文化中的爱国主义被注入新的内容和
新的内涵。

在全球化中的清末新政时期工业化,是一个学习西方的过程。这种学习
既有对科学技术的学习,也有对规则的学习。在技术既定或进展缓慢的前提
下,对规则的学习更为重要。如果说对科学技术的学习是我们在西方列强的
枪炮面前才认识到的,那么对规则的学习更多的是在与西方的经济政治交往
中才认识到的。当清末新政时期工业化身处全球化之中时,我们必须与西方
列强打交道,中国商界发现我们有许多方面无法与世界接轨,导致我们就无法
与西方列强进行正常的交往,而西方列强却用中国被迫给予他们的特权损害

中国的经济利益。因此,填补和制定新规则势在必行。中国商界纷纷要求清政府制定法律,保护商界利益,推动工业化发展。接受规则并制定法律加以确认,在本质上是一个思想观念的更新,这表明中国商界的商法意识的觉醒。商法意识的觉醒推动了清政府加快制定与发展经济有关的法律,更是推动全社会的法律意识的关键一步。商法意识中隐含着的规则、公平、信用、产权、自由等观念进而走入中国文化之中。

《辛丑条约》签订后,中国被迫全面加入全球化。面对现实,中国要在全球化中生存发展下去,就必须适应全球化的发展要求。推动这一时期全球化的力量是第二次科技革命(其本质仍然是工业化),因此,中国进行工业化是顺应历史发展潮流的。从全球化的角度看,清末新政是在全球化背景下为实现中国工业化而进行的一次重大的政策调整。这次重大政策调整,必然影响到中国传统的经济思想和观念。清末新政表明,在中国奉行两千多年的重农抑商已让位于发展工商的政策,因而重农抑商的产业观让位于奖商、护商的产业观。中国文化中的农本思想开始动摇,工商观念受到人们的推崇。

伴随着产业政策和产业观念的转变,商人的社会地位开始提高,传统的士农工商的社会秩序受到冲击并渐趋瓦解,士农工商的等级观念开始解体。

清末新政时期工业化最显著的成就之一就是铁路的铺设及运营。作为工业化重要内容的铁路,与近代其他工业有着很大的区别,它直接满足人们出行的需求,它具有受众广,所跨地域广等特点。这些特点使人们更易于接受铁路这一新事物。随着对铁路的接受和使用,中国人开始接受铁路背后的西方价值观和思想,这些观念和思想在逐渐摧毁中国文化中的一些落伍的观念,并催生一些新的观念。

从中国工业化的历史进程来看,晚清时期的工业化还是中国工业化的起步阶段。与世界各国工业化类似,起步阶段的工业化大都集中在轻纺工业,晚清工业化也是如此。由于工业化集中在轻纺工业,因此清末新政时期工业化出现了大批女工。女性工人成为清末新政时期工业化的一支重要的劳动大军。清末新政时期的女工逐渐意识到自己的地位和作用,这表明中国女权意识的觉醒。中国传统文化中对女性的歧视和偏见受到挑战,女性的作用和地位开始受到重视和关注。

清末新政时期的工业化导致中国传统文化全面退缩,而西方观念纷至沓来,其结果是对中国传统文化改造、创新有限,对西方文化吸收有余。在有限与有余的矛盾冲突中,国人游移在文化自大和文化自卑之间,因而缺少了对中国文化的自信。

清末新政时期的工业化是晚清工业化的最辉煌阶段,其对中国文化的影响不仅仅局限于晚清的最后十年,其余波甚至到民国时期。至于工业化影响下的中国文化如何反过来影响中国工业化,由于清政府十年内即灭亡而没有特别明显地表现出来。

第五章　工业化与文化变迁：
互动、困境与出路

一、工业化与文化变迁的互动

本书通过对晚清工业化与近代中国文化变迁二者之间辩证关系的研究，得出以下结论：

第一，晚清工业化与近代中国文化变迁在历史和逻辑的统一中携手前行。

晚清工业化是持续推进的，但又呈现出阶段性特征，也是持续性与阶段性的统一；近代中国文化变迁也是持续性前行的，同时又呈现出阶段性特征，也是持续性与阶段性的统一。在持续性与阶段性相统一的前提下，晚清工业化与近代中国文化变迁在历史和逻辑的统一中携手前行。

晚清工业化从1861年曾国藩建立安庆军械所开始，到1911年清朝灭亡，正好经历了半个世纪。在这半个世纪里，虽然中国经历了甲午中日战争、八国联军侵华战争，最终沦为半殖民地半封建社会，但中国工业化的脚步却从未停止，而且呈不断上升的趋势。但西方列强对中国的侵略也的确影响了中国工业化的发展，使中国工业化发展表现为前后相继，但又有所区别的三个阶段：第一个阶段是洋务运动时期（1861—1895年），第二个阶段是戊戌变法时期（1895—1900年），第三个阶段是清末新政时期（1901—1911年）。

洋务运动时期的工业化是在争论中开始、在实践中逐步展开的,并在不断实践中推动了中国文化的变迁。当把工业化的蓝图付诸于实践,特别是逐步走向深入时,由于封建思想、观念、制度的束缚,出现了很多不尽如人意的地方,这些问题引起了人们的关注和反思。一些先进人物,由于他们对西方文化有较深刻的了解,开始指出洋务运动时期工业化存在的问题,并着重分析了产生的原因,提出了相应的对策。在他们的分析和阐述中,主要以西方为尺度来考察中国问题,提出解决中国问题的方案。这种解决方案无疑是西方文化的反映和诉求。在他们解决中国问题的过程中,西方文化开始大量地走进人们的视野并逐渐被接受,近代中国文化变迁的力度加大了、速度变快了。在文化变迁中,观念的改变至关重要。一旦一种新观念形成并为人们所接受,它又会推动工业化向前发展。洋务运动时期富强观念的提出和被接受,成为晚清时期工业化的精神动力,并且影响至今。洋务运动时期的工业化的主攻方向是军事工业,由于军事工业本身与人民生活并非息息相关,因此军事工业对文化变迁的影响不是很大,但是因发展军事工业而进行的一系列制度变革和调整,却极大地推动和影响着中国文化的变迁。因发展军事工业的需要而兴办的民用工业,其产品不仅满足军事工业的需要,而且也满足了普通民众的需要,因此民用工业所承载的近代文化观念很容易被大众所接受,最终成为中国文化的一部分。总之,洋务运动时期的工业化是面对西方冲击,中国社会出于自强目的而进行的。30多年的洋务运动时期的工业化大体上处在一个相对和平时期,工业化与文化的关系呈现出了"工业化推动近代中国文化变迁,变迁中的中国文化校正并推动中国工业化的持续发展"这样一个良性循环。这一时期新产生的思想、引进的观念,无不是围绕中国工业化而展开的。工业化在缓慢推行,近代中国文化在逐步变迁,新文化在一点点成长,但接下来的甲午中日战争打乱了这一切。

甲午中日战争,中国惨败。面对西方列强对中国更加疯狂的侵略,中国人民开始了更加主动的工业化建设,提出了实业救国的主张,即发展工业,挽救中国于危亡。至此,工业化的目标由洋务运动时期的"自强求富"转变为"救亡图存"。面对战败,中国人开始更进一步地反思洋务运动时期的工业化,并对工业化发展的重点进行了调整,将工业化的重点由军事工业转向路矿建设;面对战败,中国人开始反思洋务运动时期工业化不能抵御列强入侵的深层原因,认为中国没有进行政治改革是其主要原因,因此甲午战争后,中国进行了旨在改革政治制度的戊戌变法运动。生产力决定生产关系,经济基础决定上层建筑,戊戌变法无疑是一次为了适应工业化发展而调整上层建筑的重大改革,但它却以失败而宣告结束。其失败的原因,一般认为,客观上是以慈禧太后为首的强大的守旧势力的反对,主观原因则是维新派不敢否定封建主义、对帝国主义抱有幻想、惧怕人民群众;如果从文化的角度看,我们会发现,是由于洋务运动时期工业化虽有发展,但终究成就有限造成的。因为有限的新的生产力(工业化),只能决定有限的思想文化,进而决定有限的上层建筑,而戊戌变法是要从根本上改变现有的上层建筑,这不是当时有限的新思想、新文化所能接受的,更不是当时中国生产力(工业化)所能承受之重。这使以君主立宪为核心的文化没有走入中国文化之中,只能是在中国文化史上昙花一现。

戊戌变法时期的工业化是以爱国主义为核心、以救亡图存为目的的,因此,这一时期的文化变迁无疑都打上了爱国主义的烙印。戊戌变法时期的工业化推行的时间较短,仅5年左右的时间,但工业化对文化变迁的影响却是深刻的,这与洋务运动时期工业化而导致的中国文化变迁具有极大的关系——正是由于有洋务运动时期的文化变迁,才有对中国工业化的更加清醒的认识。如果没有洋务运动时期工业化引发的对中国传统思想观念的再解读、再认识,就不会有甲午战争后工业化发展所体现的爱国、理性,进而就更不会有中国文化变迁所体现的爱国精神,以及文化变迁的深度和广度。

在遭受八国联军侵华的沉重打击,进而被迫签订丧权辱国的《辛丑条约》后,清政府宣布实行新政。新政的主要内容之一就是振兴实业,奖励工商,也就是继续开展中国的工业化。与洋务运动、戊戌变法相比,清末新政不再有顽固派的阻挠和破坏，因此，清末新政在统治阶级内部是得到普遍一致的认可的。没有了国内的障碍，并不意味着没有外来的压力。《辛丑条约》的签订，标志着中国完全沦为半殖民地半封建社会，清政府成为洋人的朝廷。《辛丑条约》的签订也表明中国被迫完全融入了全球化进程中。这对中国而言，中国工业化面临的国际压力越来越大，主要表现为西方列强对中国工业化主导权的争夺上。《辛丑条约》签订后的西方列强对中国的侵略更多地表现为对中国的经济侵略，即商品输出和资本输出，而且以资本输出为主，而资本输出的表现之一就是对中国工业化主导权的争夺。中国工业化主导权之争表现为利权之争，也就是从经济方面收回中国主权的行为。捍卫中国工业化的主导权是一种爱国主义行为。因此清末十年，因工业化而出现的利权之争使中国的经济民族主义高涨，经济民族主义所隐含的国货意识、开放意识开始走入中国文化之中，并且在近现代中国历史上发挥着作用。

清末新政时期工业化的一个重要成果是中国铁路的铺设和运营。19世纪80年代，中国开始铺设铁路，由于顽固派的反对，铁路建设缓慢。甲午战争后，全国上下一致认识到铁路的重要性，于是开始了大规模的铁路建设。由于戊戌变法时期工业化持续的时间较短，其铁路修建给中国文化带来的影响非常有限。到清末新政时期，戊戌变法时期铺设的铁路陆续投入运营，同时清末新政时期加快了铁路建设，铁路运营的经济效益开始显现，其对中国文化的影响开始全面体现出来。由于铁路是一种新式的交通工具和运输工具，因此它极大地改变了中国人的传统观念。此外，国人又逐渐接受了许多从西方引入的新观念，而这些观念的影响也越来越广泛，逐渐构成中国文化的重要内容。

工业化是对封建残余势力的最后一击，也是最致命的一击。由于清末新政时期的工业化还处在初级阶段，因此它并没有多么强大的力量，但它对封建社会的传统观念、人身依附等的破坏和瓦解却起到了极大的作用。清末新政时期的工业化就其规模、水平而言，已超过了晚清前40年的工业化，因此，它促使了大批女性走出家庭、走向社会，而这一进一出的过程是中国妇女解放的重要一环,中国妇女开始重新审视自己,中国女性意识开始觉醒。以男性为主体和主题的中国传统文化开始慢慢地接受这些有关女性的新观念、新思想。

晚清工业化发生在半殖民地半封建社会的中国,追求富强是晚清工业化不变的主题,但由于中国半殖民地半封建社会呈现不断加深的特征,因此,晚清工业化在每个阶段的发展重点又有所不同,在此基础上的中国文化变迁也呈现出"变"与"不变"相统一的特征。

第二,晚清工业化的地区性特征决定了中国文化变迁的地区性特征及走向。

晚清工业化持续了半个世纪,但工业化仅局限于沿江、沿海、沿铁路线的大城市和省会城市。以洋务运动时期的军事工业为例,这一时期的军事工业主要集中在上海、苏州、南京、福州、天津、西安、兰州、广州、济南、成都、吉林、北京、杭州、台北、昆明、汉阳等。这与西方国家工业化地区分布基本类似,但由于晚清工业化水平总体有限,这就导致以大城市为中心的工业化的辐射区域的有限性,也就意味着以工业化为基础的近代文化的地区辐射和影响的有限性。因此,近代中国文化变迁主要局限于城市的文化变迁和沿铁路线地区一定区域内的文化变迁。当然,我们也应该看到,文化及文化变迁不是凝固的,而是不断向前的。

文化变迁是一点一滴开始的,而后形成涓涓细流,最终汇成汹涌澎湃的浪潮,冲击中国古老的文明以及中国的传统文化。中国传统文化这棵大树在冲击中抖落掉自己身上的残枝败叶,留下生机有力的枝芽,并从冲击中获得新的养分,再一次新生,再一次成长。

第三,工业化是近代中国文化变迁的决定性力量。

文化不是凭空产生的,它是生产力发展到一定阶段的产物,也就是说,生产力决定文化的性质和方向。外来文化进入一个国家或地区,其命运有两种可能:第一种情况是,这种外来文化背后的生产力水平与当地生产力水平相一致,因此它在当地生存并发展,佛教文化当属于这种情况。第二种情况是,这种外来文化背后的生产力水平与当地生产力水平不一致,在这种情况下还会出现两种可能:其一,外来文化与当地生产力相结合,这种外来文化就发生变异,进而成为毒害当地民众的"毒草"。近代中国的洋奴文化、崇洋媚外、汉奸文化,无一例外都是属于这种情况。其二,外来文化被当地的少数精英所接受,并实践这种文化,这一实践活动本身就是在创造这种文化产生的基础,即与这种文化相对应的生产力。晚清工业化推动近代中国文化的变迁当属于这种情况。文化变迁的根本动力是生产力,所有一切文化及文化现象都与生产力有关。离开生产力谈文化变迁,无异于缘木求鱼、水中捞月。

此外,在近代中国文化变迁的推动力中,尽管含有西方的思想文化的作用,但其作用的程度和水平完全取决于中国工业化的程度和水平。

第四,工业化决定文化变迁,文化变迁反作用于工业化,但反作用力大小取决于工业化水平。

晚清工业化推动着近代中国文化变迁,因此工业化与文化变迁不是同步的。工业化是文化变迁的决定力量,而变迁的文化也反作用于工业化。文化的这种反作用于工业化的力,是推动工业化进步发展的动力之一,但作用、力度的大小取决于工业化的发展水平。

晚清工业化代表着先进生产力,但力量太小;中国传统文化、传统观念的背后是落后的小农经济,其力量很大。晚清工业化与传统观念的冲突,实质上就是先进生产力与落后生产力的对决,工业化能否成功取决于工业化发展的水平以及人们对工业化的认识程度。在初期的工业化与传统观念的对决中,人们的认识程度对工业化能否在对决中占优势地位至关重要,而人们的认识程度又是受到传统观念制约的。这是否意味着"此题无解"?其实也不尽然。因为人们认识的改变还在于外力的冲击,当外力冲击加大时,人们的认识的改变就会加速、加大,新的思想、观念就越容易被接受。晚清时期工业化所经历的三个阶段,都是面对西方的不断加大、加强的冲击,不断更新观念,同时抛弃或改造传统观念,以适应工业化的发展要求。

二、工业化与文化变迁的困境

生产力决定生产关系,生产关系反作用于生产力;经济基础决定上层建筑,上层建筑反作用于经济基础。工业化的本质是生产力的发展,文化是上层建筑的重要组成部分。生产力的发展变化是文化变迁的根本性力量,离开生产力的发展变化研究文化变迁,就不能真正认识到文化变迁的本质。所以伴随着工业化的发展,必然会推动文化的发展与变迁,变迁的文化又影响着工业化的发展。晚清工业化的发展是一个由最初的军事工业开办到民用工业的涌现、铁路的铺设、通信设备的架设,这样一个由点到面的发展过程。晚清工业化对近代中国文化变迁的推动也是一个由点到面逐步推进的过程,变迁中的中国文化又推动中国工业化快速发展。

工业化是文化变迁的动力。晚清工业化是近代中国文化变迁的动力。但由于近代中国半殖民地半封建社会的性质,因此推动近代中国文化变迁的动力一般认为有两方面:一是欧风美雨的洗礼,二是中国自身生产力的发展。欧风美雨的背后,其本质是近代以来西方工业化的表现,所以近代中国文化变迁的根本原因是生产力的变革。反映生产力变革即工业化的欧风美雨来到中国,毫无疑问它推动了近代中国文化的变迁,但离开中国自身生产力的发展,指望欧风美雨来实现近代中国文化的变迁是不可能的,即使出现了欧风美雨推动下的中国文化的变迁,这种文化的变迁也不会是健康的。

工业化必然推动文化的变迁,但文化变迁的速度、程度、广度,不仅受到工业化自身的影响,还取决于工业化的主导权掌握在谁的手里,晚清工业化是由清政府主导而开展的,但其工业化的主导权则不完全掌握在中国手里,这就决定了中国文化变迁的进展和影响力。工业化推动文化的变迁,变迁的文化推动工业化的发展,这种决定关系和反作用关系并非都是直线的,经常表现为曲折的、滞后的。伴随工业化,西方的文化开始登堂入室,有的西方文化并不是工业化的必然伴生物，而是以工业化为借口，开始大量涌入中国社会，这些以工业化为幌子的西方文化一旦输入到中国，它不但不能给中国带来中国文化的近代化，更多的是给中国文化带来伤害，更有甚者与中国文化中的糟粕相互缠绕，给中国传统文化的近代转型带来更大的困难。一种理想状态是中国工业化的发展推动中国传统文化的变迁，变迁的文化又推动工业化向纵深发展，二者相辅相成，持续前行。而实际上晚清工业化与文化变迁是处在一个非常尴尬的境地中进行的。晚清工业化被迫启动，工业化自身力量薄弱，推动传统文化转型的力量不是很强；相反，中国传统文化根深蒂固，传统文化一方面抵御来自工业化的冲击，另一方面抵御来自西学的冲击。

三、工业化与文化变迁的出路

晚清工业化是在中国半殖民地半封建社会中进行的，由于半殖民地半封建社会性质决定了晚清工业化的主导权不是完全掌握在中国人自己手中，而是处处受制于西方帝国主义的挤压，这就决定了晚清工业化虽有发展，但始终不能推动晚清工业化发生质的飞跃，这就决定了近代中国文化变迁的缓慢与迟滞。晚清工业化要获得质的飞跃，并强劲推动近代中国文化转型，实现工业化与近代文化变迁的互动，就必须彻底摆脱帝国主义对中国的压迫和剥削。而清政府又是洋人的朝廷，要推翻帝国主义在中国的统治是不可能的。谁能彻底推翻帝国主义在中国的统治，谁才能有资格领导中国工业化，并实现近代中国文化的变迁。

参 考 文 献

[1][埃及]萨米尔·阿明:《不平等的发展》,高铦译,商务印书馆 1990 年版。

[2][澳]杰夫·刘易斯:《文化研究基础理论》,郭镇之译,清华大学出版社 2013 年版。

[3][波]彼得·什托姆普卡:《社会变迁的社会学》,林聚任等译,北京大学出版社 2011 年版。

[4][德]鲁道夫·吕贝尔特:《工业化史》,戴鸣钟等译,上海译文出版社 1983 年版。

[5][德]马克斯·韦伯:《学术生涯和政治生涯》,国际文化出版公司 1985 年版。

[6][德]诺贝特·埃利亚斯:《个体的社会》,翟二江等译,译林出版社 2003 年版。

[7][德]诺贝特·埃利亚斯:《文明的进程》,袁志英译,生活·读书·新知三联书店 1999 年版。

[8][法]笛卡尔:《哲学原理》,关文运译,商务印书馆 1958 年版。

[9][法]费尔南·布罗代尔:《15 至 18 世纪的物质文明、经济和资本主义》,顾良、施康强译,生活·读书·新知三联书店 2002 年版。

[10][法]费尔南·布罗代尔:《资本主义论丛》,顾良、张慧君译,中央编译出版社 1997 年版。

[11][加]D.保罗·谢弗:《文化引导未来》,许春山等译,社会科学文献出版社 2008 年版。

[12][美]道格拉斯·C.诺思:《经济史上的结构和变革》,厉以平译,商务印书馆 1992 年版。

[13][美]C.E.布莱克:《现代化的动力》,段小光译,四川人民出版社 1988 年版。

[14][美]F.普洛格、D.G.贝茨:《文化演进与人类行为》,吴爱明等译,辽宁人民出版社1988年版。

[15][美]R.M.基辛:《文化·社会·个人》,甘华鸣等译,辽宁人民出版社1988年版。

[16][美]W.A.刘易斯:《增长与波动》,梁小民译,华夏出版社1987年版。

[17][美]埃尔金:《新宪政论》,周叶谦译,生活·读书·新知三联书店1997年版。

[18][美]艾利克斯·英格尔斯:《国民性》,王今一译,社会科学文献出版社2012年版。

[19][美]奥古斯特·孔德:《论实证精神》,黄建华等译,商务印书馆1996年版。

[20][美]陈锦江:《清末现代企业与官商关系》,王笛、王箭译,中国社会科学出版社1997年版。

[21][美]丹尼尔·W.费舍:《狄考文传》,关志远等译,广西师范大学出版社2009年版。

[22][美]丹尼尔·贝尔:《后工业化社会的来临》,丁学良译,新华出版社1997年版。

[23][美]杜威:《自由与文化》,傅统先译,商务印书馆2013年版。

[24][美]费维恺:《中国早期工业化》,虞和平译,中国社会科学出版社1990。

[25][美]吉尔伯特·罗兹曼:《中国的现代化》,国家社会科学基金"比较现代化"课题组译,江苏人民出版社1995年版。

[26][美]杰里·D.穆尔:《人类学家的文化见解》,欧阳敏等译,商务印书馆2009年版。

[27][美]克莱德·M.伍兹:《文化变迁》,何瑞福译,河北人民出版社1989年版。

[28][美]克莱伦斯·E.艾尔斯:《经济进步理论》,徐颖莉等译,商务印书馆2011年版。

[29][美]莱斯利·怀特:《文化科学》,曹锦清等译,浙江人民出版社1988年版。

[30][美]路易斯,亨利·摩尔根:《古代社会》,杨东莼等译,商务印书馆1981年版。

[31][美]罗伯特·F.墨菲:《文化与社会人类学引论》,王卓君译,商务印书馆2009年版。

[32][美]罗伯特·M.索洛:《经济增长因素分析》,史清琪等译,商务印书馆1999年版。

[33][美]罗纳德·英格尔哈特:《发达工业社会的文化转型》,张秀琴译,社会科学文献出版社 2013 年版。

[34][美]罗斯托:《经济成长的阶段》,国际关系研究所编译室译,商务印书馆 1962 年版。

[35][美]钱纳里:《工业化和经济增长的比较研究》,吴奇等译,上海三联书店 1995 年版。

[36][美]塞缪尔·亨廷顿:《文化的重要作用》,程克雄译,新华出版社 2010 年版。

[37][美]塞缪尔·亨廷顿:《现代化:理论与历史经验的再探讨》,罗荣渠主编.上海译文出版社 1993 年版。

[38][美]史蒂文·瓦戈:《社会变迁》,王晓黎等译,北京大学出版社 2007 年版。

[39][美]史徒华:《文化变迁的理论》,张恭启译,远流出版社 1989 年版。

[40][美]威廉·费尔丁·奥格本:《社会变迁——关于文化和先天的本质》,王晓毅,陈育国译,浙江人民出版社 1989 年版。

[41][美]西蒙·库兹涅茨:《各国的经济增长》,常勋等译,商务印书馆 1999 年版。

[42][美]西蒙·库兹涅茨:《现代经济增长》,戴睿、易诚译,北京经济学院出版社 1989 年版。

[43][美]约瑟夫·熊彼特:《经济分析史》,朱泱等译,商务印书馆 1991—1994 年版。

[44][匈牙利]马扎亚尔:《中国农村经济研究》,神州国光社 1930 年版。

[45]《曾文正公手书日记》,同治元年五月初七日。

[46]《昌黎县志》(卷4),1936 年铅印本。

[47]《倡用土货说》,《岭东日报》1905 年 8 月 9 日。

[48]《陈宝箴开办湘省矿务疏》,《湖南历史资料》(第 4 期),湖南人民出版社 1958 年版。

[49]《筹办夷务始末》(同治朝)(卷29),中华书局 2008 年版。

[50]《筹办夷务始末》(同治朝)(卷47),中华书局 1964 年版。

[51]《筹办夷务始末》(同治朝)(卷二十五),文海出版社 1966 年版。

[52]《筹办夷务始末》(同治朝)(卷五十五),文海出版社 1966 年版。

[53]《筹海篇三·议战》,《海国图志》卷2。

[54]《拒约须速与实业之问题》,《有所谓报》1905 年 9 月 14 日。

[55]《李鸿章全集》(第16卷),时代文艺出版社1998年版。

[56]《李鸿章全集》(奏稿),第19卷。

[57]《李文忠公全集》(译署函稿),第13卷。

[58]《李文忠公全集》(奏稿),第40卷。

[59]《李文忠公全书》(朋僚函稿)(卷3),光绪三十四年金陵刻本。

[60]《李文忠公全书》(奏稿)(卷43),光绪三十四年金陵刻本。

[61]《李文忠公全书》(奏稿),上海人民出版社1985年版。

[62]《列宁全集》(第22卷),人民出版社1976年版。

[63]《列宁选集》,人民出版社1960年版。

[64]《论华地创设公司宜开除官办名目》,何良栋:《皇朝经世文四编》(卷25)(户政,公司),文海出版社影印本。

[65]《马建忠集》,辽宁人民出版社1994年版。

[66]《马克思恩格斯全集》(第1卷),人民出版社1956年版。

[67]《马克思恩格斯全集》(第24卷),人民出版社1972年版。

[68]《马克思恩格斯全集》(第25卷),人民出版社1974年版。

[69]《马克思恩格斯全集》(第38卷),人民出版社1972年版。

[70]《马克思恩格斯选集》(第1卷),人民出版社1972年版。

[71]《马克思恩格斯选集》(第2卷),人民出版社1972年版。

[72]《马克思恩格斯选集》(第3卷),人民出版社1972年版。

[73]《马克思恩格斯选集》(第4卷),人民出版社1972年版。

[74]《清德宗实录》,光绪二十五年二月甲辰谕。

[75]《清实录》,德宗朝,卷376。

[76]《秋瑾集》,上海古籍出版社1991年版。

[77]《山东近代史资料》(第3分册),齐鲁书社1961年版。

[78]《商部新订出洋赛会章程》,《东方杂志》,1906年第3期。

[79]《上海商务总会致各埠商会拟开大会讨论商法草案书》,《振华五日大事记》1907年第34期。

[80]《申报》1878年3月16日。

[81]《申报》1897年10月28日。

[82]《申报》1905年2月24日。

[83]《申报》1908年4月5日。

[84]《申报》1911年4月10日。

[85]《倭文端公遗书》(卷8),广东翰元楼1877年刻本。

[86]《习近平谈治国理政》,外文出版社2014年版。

[87]《薛福成集》,辽宁人民出版社1994年版。

[88]《扬州女工传习所章程》,《直隶教育杂志》1905年第4期。

[89]《粤东丝业实地调查录》(三续),《大公报》1917年4月29日。

[90]《郑观应集》(上册),上海人民出版社1982年版。

[91]《郑观应集》(下册),上海人民出版社1988年版。

[92]《中国近代史资料丛刊·义和团》(第1册),神州国光社1951年版。

[93]包天笑:《衣食住行的百年变迁》,政协苏州市委员会文史编辑室编印。

[94]《女工传习所简章》,《北洋官报》1906年第9期。

[95]陈炽:《陈炽集》,中华书局1997年版。

[96]陈登原:《中国文化史》,商务印书馆2014年版。

[97]陈东原:《中国妇女生活史》,商务印书馆2015年版。

[98]陈翰笙:《广东农村生产关系与生产力》,中山文化教育馆1934年版。

[99]陈嘉映:《说理》,华夏出版社2014年版。

[100]陈天杰、陈秋桐:《广东第一间蒸汽缫丝厂继昌隆及其创办人陈启沅》,载文史资料研究委员会:《广州文史资料》(第8辑),广东人民出版社1963年版。

[101]陈颐寿:《华商联合报序目》,《华商联合报》1909年第3期。

[102]陈翊林:《最近三十年中国教育史》,上海太平洋书店1931年版。

[103]陈真:《中国近代工业史资料》(第2辑),生活·读书·新知三联书店1957年版。

[104]丁凤麟、王欣之:《薛福成选集》,上海人民出版社1987年版。

[105]丁贤勇:《新式交通与生活中的时间:以江南为例》,《史林》2005年第4期。

[106]费孝通:《中国文化的重建》,华东师范大学出版社2014年版。

[107]丰子恺:《车厢社会》,中国国际广播出版社2013年版。

[108]耿云志:《近代中国文化转型研究导论》,四川人民出版社2008年版。

[109]龚书铎:《中国近代文化概论》,中华书局2004年版。

[110]故宫博物院明清档案部:《清末筹备立宪档案史料》(下册),中华书局1979年版。

[111]顾云深、石源华:《鉴往知来——百年来中美经济关系的回顾与前瞻》,复旦大学出版社1999年版。

[112]郭凤鸣:《意大利万国博览会记略》,江浙渔业公司1907年版。

[113]郭嵩焘:《伦敦与巴黎日记》,钟叔河:《走向世界丛书》,岳麓书社 1984年版。

[114]翰墨林书局:《通州兴办实业之历史》(上册),南通翰墨林印书局 1910年版。

[115]何汉威:《京汉铁路初期史略》,香港中文大学出版社 1979 年版。

[116]何良栋:《皇朝经世文四编》(户政)(卷 25),文海出版社 1966 年版。

[117]何启、胡礼垣:《新政真诠》,辽宁人民出版社 1994 年版。

[118]洪认清:《陈宝箴与湖南矿业近代化的发端》,《淮北煤师院学报》2001 年第6 期。

[119]洪振强:《国际博览会与晚清中国"国家"之形塑》,《历史研究》2011 年第6 期。

[120]侯振彤译:《二十世纪初的天津概况》,天津市地方史志编修委员会总编辑室,1986 年版。

[121]胡彬夏:《论中国之衰弱女子不得辞其最》,《江苏》1903 年第 3 期。

[122]胡朴安:《中华全国风俗志》(下编),河北人民出版社 1996 年版。

[123]黄宗智:《长江三角洲小农家庭与乡村发展》,中华书局 2000 年版。

[124]金天翮、陈雁编校:《女界钟》,上海古籍出版社 2008 年版。

[125]康有为:《大同书》,郑州古籍出版社 1998 年版。

[126]李恩涵:《晚清的收回矿权运动》,"中央研究院"近代史研究所 1978 年版。

[127]李华兴:《梁启超选集》,人民出版社 1984 年版。

[128]李晓冷:《高阳县志》(卷 2),民国 1933 年铅印本。

[129]李又宁、张玉法:《近代中国女权运动史料》(上册),传记文学出版社 1975年版。

[130]李泽厚:《中国近代思想史论》,天津社会科学院出版社 2003 年版。

[131]李长莉:《中国人的生活方式:从传统到现代》,四川人民出版社 2008 年版。

[132]梁启超:《敬告国中之谈实业者》,《饮冰室合集》(文集)(二十一),中华书局 1989 年版。

[133]梁启超:《李鸿章传》,湖南人民出版社 2013 年版。

[134]梁启超:《中国法理学发达史论》,《饮冰室合集》(第二册),中华书局 1989年版。

[135]林传甲:《大中华京兆地理志》,第 9 篇《建置·饮食》,武学书馆 1919 年版。

[136]林翰儒:《藁城县乡土地理》,1923 年版。

[137]铃木智夫:《洋务运动研究》,汲古书院 1992 年版。

[138]刘大鹏:《退想斋日记》,山西人民出版社 1990 年版。

[139]刘国联:《服装全概念导读》,中国纺织出版社 2009 年版。

[140]刘锦藻:《清朝续文献通考》第 4 册卷 362《邮传三·路政》,商务印书馆 1937 年版。

[141]刘巨才:《中国近代妇女运动史》,中国妇女出版社 1989 年版。

[142]刘克祥:《1895—1927 年通商口岸附近和铁路沿线地区的农产品商品化》,《中国社会科学院经济研究所集刊》(第 11 辑),中国社会科学出版社 1988 年版。

[143]刘青松:《缫丝厂的风化和风水》,《中国经济和信息化》2011 年第 13 期。

[144]刘爽:《吉林新志》(下)辽东编译社,1960 年据 1934 年铅印本油印本。

[145]马建忠:《适可斋记言》(卷一),中华书局 1960 年版。

[146]宓汝成:《近代中国铁路史资料》(上册),文海出版社 1977 年版。

[147]南怀瑾、徐芹庭:《白话易经》,岳麓书社 1988 年版。

[148]聂宝璋:《中国近代航运史资料》(第 1 辑)(1840—1895),《中国近代经济史参考资料丛刊》,上海人民出版社 1983 年版。

[149]农商部总务厅统计科:《中华民国元年第一次农商统计表》(上卷)。

[150]彭南生:《中国近代商人团体与经济社会变迁》,华中师范大学出版社 2013 年版。

[151]彭泽益:《中国近代手工业史资料(1840—1949)》(第 2 卷),中华书局 1962 年版。

[152]钱穆:《文化与教育》,生活·读书·新知三联书店 2009 年版。

[153]清华国学院:《全球史中的文化中国》,北京大学出版社 2014 年版。

[154]上海商务印书馆编译所编纂:《大清新法令(1901—1911)》(第 4 卷),洪佳期等点校,商务印书馆 2011 年版。

[155]沈桐生《光绪政要》(卷 21),江苏广陵古籍刻印社 1991 年版。

[156]沈云龙:《近代中国史丛刊续编》(第五十五辑刊),文海出版社 1966 年版。

[157]沈云龙:《近代中国史料丛刊》(第 16 辑),文海出版社 1999 年版。

[158]盛宣怀:《愚斋存稿》(卷 3),文海出版社 1975 年影印本。

[159]舒新城:《近代中国留学生史　近代中国教育思想史》,商务印书馆 2014 年版。

[160]斯科特·拉什、约翰·厄里:《符号经济与空间经济》,王之光、商正译,商务印书馆 2006 年版。

［161］宋慧昌：《人的发现与人的解放》，四川人民出版社 2008 年版。

［162］苏耀昌：《华南地区：地方历史的变迁与世界体系理论》，中州古籍出版社 1987 年版。

［163］孙海泉：《开平煤矿近代化进程简述》，《徐州师范学院学报》1992 年第 1 期。

［164］孙毓棠：《中国近代工业史资料》（第一辑），科学出版社 1957 年版。

［165］谭嗣同：《谭嗣同全集》，中华书局 1981 年版。

［166］汤志钧：《康有为政论集》（上册），中华书局 1981 年版。

［167］天津市档案馆：《天津商会档案汇编（1903—1911）》（上册），天津人民出版社 1989 年版。

［168］天津市档案馆：《天津商会档案汇编（1903—1911）》（下册），天津人民出版社 1989 年版。

［169］汪敬虞：《从上海机器织布局看洋务运动和资本主义发展关系问题》，《新建设》1963 年第 8 期。

［170］汪敬虞：《中国近代工业史资料》（第 2 辑），生活·读书·新知三联书店 1957 年版。

［171］汪敬虞：《中国近代经济史 1895—1927》（下册），经济管理出版社 2007 年版。

［172］汪茂林：《晚清文化史》，人民出版社 2005 年版。

［173］王尔敏：《清季兵工业的兴起》，广西师范大学出版社 2009 年版。

［174］王栻：《严复集》（第 3 册），中华书局 1986 年版。

［175］王栻：《严复集》（第 5 册），中华书局 1986 年版。

［176］王树楠：《张文襄公全集·奏稿》（卷 24），文海出版社 1963 年版。

［177］王韬：《弢园尺牍》，中华书局 1959 年版。

［178］王韬：《弢园老民自传》，江苏人民出版社 1999 年版。

［179］王韬：《弢园文录外编》，中华书局 1959 年版。

［180］王韬：《弢园文录外编》，上海书店出版社 2002 年版。

［181］王韬：《弢园文新编》，生活·读书·新知三联书店 1998 年版。

［182］王翔：《近代中国传统丝绸业转型研究》，南开大学出版社 2005 年版。

［183］王翔：《中国近代手工业的经济学考察》，中国经济出版社 2002 年版。

［184］王中江：《近代中国思维方式演变的趋势》，四川人民出版社 2008 年版。

［185］吴承学、沙红兵：《中国古代文体学学科论纲》，《文学遗产》2005 年第 1 期。

［186］吴伦霓霞、王尔敏：《清季外交因应函电资料》，香港中文大学出版社 1993

年版。

[187]吴汝纶:《李文忠公全集·奏议》(卷39),金陵刻本1908年版。

[188]吴友如:《坍屋伤人》,《点石斋画报》(大可堂版,第十三册),上海画报出版社2001年版。

[189]相铨:《五十年来中国之工业》,《东方杂志》1912年第7期。

[190]香山女士刘瑞平:《敬告二万万同胞姊妹》,《女子世界》1904年第7期。

[191]啸天生:《塞外见闻录》,载李廷翰:《古今游记丛钞》(第10册)(卷43),上海中华印书局1923年版。

[192]熊月之:《西学东渐与晚清社会》,中国人民大学出版社2011年版。

[193]徐凤晨、赵矢元:《中国近代史》,辽宁人民出版社1982年版。

[194]徐赓陛:《不慊斋漫存》(卷6),南海官署刻本1882年版。

[195]徐新吾:《中国近代缫丝工业史》,上海人民出版社1990年版。

[196]徐中约:《中国近代史》,世界图书出版公司2013年版。

[197]许涤新、吴承明:《中国资本主义发展史》(第二卷),社会科学文献出版社2007年版。

[198]薛福成:《出使四国日记》,湖南人民出版社1981年版。

[199]薛福成:《出使英法义比四国日记》,岳麓书社1985年版。

[200]薛福成:《庸庵全集·庸庵海外文编》,醉六堂石印,光绪丁酉春三月。

[201]薛暮桥:《江南农村衰落的一个缩影》,《薛暮桥学术论著自选集》,北京师范学院出版社1992年版。

[202]严复:《原富》,商务印书馆1981年版。

[203]严中平:《中国近代经济史统计资料选集》,科学出版社1955年版。

[204]杨镜亚:《隐痛》(二),《盛京时报》1924年5月17日,第5版。

[205]邮电史编辑室:《中国近代邮电史》,人民邮电出版社1984年版。

[206]虞和平:《商会与中国早期现代化》,上海人民出版社1993年版。

[207]张恨水:《平沪通车　如此江山》,北岳文艺出版社1993年版。

[208]张謇:《实业政见宣言书》,《张季子九录·政闻录》(卷7),中华书局1930年版。

[209]张剑:《中国近代科学与科学体制化》,四川人民出版社2008年版。

[210]张枬、王忍之:《辛亥革命前十年间时论选集》(第二卷下),三联书店1980年版。

[211]张之洞:《劝学篇》,上海书店出版社2002年版。

［212］章开沅:《离异与回归》,中国人民大学出版社 2010 年版。

［213］章开沅:《苏州商会档案丛编》(第 1 辑),华中师范大学出版社 1991 年版。

［214］章有义:《中国近代农业史资料》(第二辑),生活·读书·新知三联书店 1957 年版。

［215］赵靖、易梦虹:《中国近代经济思想史资料选辑》(中册),中华书局 1982 年版。

［216］赵树贵、曾丽雅:《陈炽集》,中华书局 1977 年版。

［217］郑大华:《社会结构变迁与近代文化转型》,四川人民出版社 2008 年版。

［218］郑观应:《罗浮偫鹤山人诗草·商务叹》。

［219］郑观应:《盛世危言·开矿》(上),商务印书馆 1964 年版。

［220］郑观应:《盛世危言》,内蒙古人民出版社 1996 年版。

［221］郑观应:《盛世危言后编》(卷 7),商务印书馆 1964 年版。

［222］郑国民:《西学的中介:清末民初的中日文化交流》,四川人民出版社 2008 年版。

［223］郑师渠:《中国文化通史》,北京师范大学出版社 2009 年版。

［224］郑振铎:《晚清文选》(卷上),中国社会科学出版社 2002 年版。

［225］中国第一历史档案馆:《光绪朝朱批奏折》(第一〇一辑),中华书局 1996 年版。

［226］中国近代兵器工业档案史料编委会:《中国近代兵器工业档案史料》(第 1 辑),兵器工业出版社 1993 年版。

［227］中国近代史编写组:《中国近代史》,中华书局 1979 年版。

［228］中国科学院近代史研究所,中央档案馆明清档案部编辑组:《洋务运动》(六),上海人民出版社 1962 年版。

［229］中国科学院近代史研究所,中央档案馆明清档案部编辑组:《洋务运动》(五),上海人民出版社 1962 年版。

［230］中国科学院近代史研究所,中央档案馆明清档案部编辑组:《洋务运动》(一),上海人民出版社 1962 年版。

［231］中国科学院历史研究室第三所:《云南杂志选辑》,科学出版社 1958 年版。

［232］中国科学院历史研究所第三所:《近代史资料》(第 1 期),科学出版社 1956 年版。

［233］中国史学会:《戊戌变法》(二),上海人民出版社 1957 年版。

［234］中国史学会:《戊戌变法》(三),上海人民出版社 1957 年版。

[235]中国史学会:《戊戌变法》(一),上海人民出版社1957年版。

[236]中国史学会:《洋务运动》(二),上海人民出版社1961年版。

[237]中国史学会:《洋务运动》(一),上海人民出版社1961年版。

[238]中华全国妇女联合会妇女运动历史研究室:《中国妇女运动历史资料(1840—1918)》,中国妇女出版社1991年版。

[239]中央文献研究室:《习近平关于社会主义文化建设论述摘要》,中央文献出版社2017年版。

[240]"中央研究院"近代史研究所:《矿务档》(第一册),"中央研究院"近代史研究所1974年版。

[241]钟天纬:《扩充商务十条》,《刖足集外编》。

[242]朱汉民、肖永明、杜维明:《文明的冲突与对话》,湖南大学出版社2001年版。

[243]朱寿朋:《光绪朝东华录》(四),中华书局2016年版。

[244]朱荫贵:《近代交通运输与晚清商业的演变》,《近代史学刊》2001年第1辑。

[245]朱英:《开拓近代中国商人文化研究的初步构想》,《华中师范大学学报》1990年第6期。

[246]朱有瓛:《中国近代学制史资料》(第一辑下册),华东师范大学出版社1987年版。

[247]邹小站:《西学东渐:迎拒与选择》,四川人民出版社2008年版。

[248]左玉河:《中国近代学术体制之创建》,四川人民出版社2008年版。

[249] Chennery H., *Industrialization and Growth: A Comparative Study*, Oxford University Press, 1986.

[250] George S. Tolley, Vinod Thomas, *The Economics of Urbanization and Urban Policies in Developing Countries*, World Bank Symposium, 1986.

[251] Jomo K.S., *Southeast Asia's Misunderstood Miracle Industrial Policy and Economic Development in Thailand*, Malaysia and Indonesia, West View Press, 1997.

[252] Levitt T., *The Globalization of Markets*, New York: Harvard Business, 1983.

[253] World Bank, *The East Asian Miracle: Economic Growth and Public Policy*, New York: Oxford University Press, 1993.

责任编辑：高晓璐
版式设计：胡欣欣

图书在版编目（CIP）数据

晚清工业化与近代中国文化变迁研究/宋正 著. —北京：人民出版社，2021.11
ISBN 978－7－01－023795－4

Ⅰ.①晚… Ⅱ.①宋… Ⅲ.①工业化-研究-中国-清后期②文化史-研究-
中国-近代 Ⅳ.①F429.052②K250.3

中国版本图书馆 CIP 数据核字（2021）第 201671 号

晚清工业化与近代中国文化变迁研究
WANQING GONGYEHUA YU JINDAI ZHONGGUO WENHUA BIANQIAN YANJIU

宋 正 著

人民出版社 出版发行
（100706 北京市东城区隆福寺街 99 号）

北京建宏印刷有限公司印刷 新华书店经销

2021 年 11 月第 1 版 2021 年 11 月北京第 1 次印刷
开本：710 毫米×1000 毫米 1/16 印张：12.75
字数：205 千字

ISBN 978－7－01－023795－4 定价：41.00 元

邮购地址 100706 北京市东城区隆福寺街 99 号
人民东方图书销售中心 电话 （010）65250042 65289539